Pierre Pradervand

Vivre sa spiritualité au quotidien

jouvence
EDITIONS

Du même auteur, chez le même éditeur :

- Découvrir les vraies richesses, *1996*
- *La vie simple, Coll. Pratiques, 1999*
- *Le bonheur, ça s'apprend, Coll. Pratiques, 2001*
- *Plus jamais victime, Coll. Pratiques, 2001*

EXTRAITS DU CATALOGUE JOUVENCE

- La colère, cette émotion mal-aimée, *par S. & C. Vidal-Graf, 2002*
- Raccourcis vers dieu, *Gerald Jampolsky, 2002*
- Déverrouiller ses blocages, *par Marie-France Muller, 2002*
- Guérir ses blessures intérieures, *par Daniel Maurin, 2001*
- Mon enfant et la consommation, *par R. Blind & M. Pool, 2001*
- Vivre l'intimité, *par Sobonfu Somé, 2001*
- Du trop avoir au mieux être, *par René Blind & Michael Pool, 2001*
- Faire face à ses problèmes, *par Julian Sleigh, 2001*
- Mon enfant et la drogue, *par René Blind & Michael Pool, 2001*
- L'amour scientifié, *par Michel Odent, 2001*
- L'accompagnant, *par Jean-Yves Revault, 2000*
- Les mots sont des fenêtres, *par Marshall Rosenberg, 1999*
- La maîtrise de l'amour, *par Don Miguel Ruiz, 1999*
- Les quatre accords toltèques, *par Don Miguel Ruiz, 1999*
- Pleurs et colères des enfants et des bébés, *par Aletha Solter, 1999*
- L'intuitionneur, *par Hal Zina Bennett, 1999*
- Se libérer des systèmes de croyances, *par Michael Misita, 1999*
- Vivre son deuil et croître, *par Rosette Poletti et Barbara Dobbs, 1993*

CATALOGUE GRATUIT SUR SIMPLE DEMANDE AUPRÈS DES ÉDITIONS JOUVENCE
Suisse : CP 184, CH-1233 Bernex-Genève
France : BP 7, F-74161 Saint Julien en Genevois Cedex
Site internet : **www.editions-jouvence.com**
e-mail : info@editions-jouvence.com

Couverture: Dynamic 19, Thonon (France)

ISBN 2-88353-280-x

Tes jours auront plus d'éclat que le soleil à son midi,
tu brilleras, tu seras comme l'aurore.
(Job XI:17, version King James)

A Elly, ma compagne, amie, épouse
et mon aurore quotidienne.

Aurore: fraîcheur, ouverture, inspiration, gratitude, éveil, attente du bien, nouveauté, recommencement, pureté, seuil, (re)naissance, joie, innocence, émerveillement.

Merci de m'émerveiller tous les jours!

Sommaire

Introduction

Ce livre est né d'une expérience spirituelle qui a profondément marqué ma vie en me permettant de retrouver le sens profond de la bénédiction. Cette dernière, loin d'être un simple rituel qui ponctue les cérémonies religieuses, comme le veut l'imagerie populaire, représente une puissante énergie de vie et d'amour qui repose sur des lois spirituelles que chacun peut découvrir et appliquer afin de vivre mieux et plus pleinement.

Cette expérience a renforcé mon intuition que ces lois, décrites et formulées par les grandes sagesses spirituelles de l'humanité depuis la nuit des temps, sont à la base du fonctionnement même de l'univers. Elles sont aussi précises et efficaces que les lois du monde physique, la plus importante étant la loi de l'amour inconditionnel. Et j'ai la profonde conviction que la plus grande découverte du prochain millénaire pourrait bien être l'existence de ces lois, découverte qui donnerait un élan positif extraordinaire à l'évolution de la conscience, et par là des individus et des nations.

Ce livre n'est pas l'œuvre d'un professionnel ou d'un maître de la spiritualité ou de la religion. Depuis plus de trente ans, je suis engagé dans la lutte pour créer un monde où régnerait un peu plus de justice. Pendant longtemps ce fut au niveau du développement international, et plus récemment au niveau de la formation de personnes en recherche d'emploi et du développement personnel, en parallèle avec la formation d'adultes.

Très tôt dans ma carrière, un incident m'a alerté au fait qu'il est vain de vouloir transformer les structures si on ne transforme pas d'abord le cœur de l'homme.

Vers le milieu des années soixante, j'étais engagé comme chercheur dans un des rares pays du Tiers monde à avoir obtenu l'indépendance après une longue, dure et parfois féroce guerre de libération. Un militaire y avait pris le pouvoir, chassant le président désigné à l'indépendance. Toute forme d'opposition légale était interdite, mais il existait une opposition clandestine.

Dans l'équipe d'enquêteurs dont j'étais co-responsable, un de ces derniers avait des contacts avec l'opposition. Et un jour il me raconta le cas d'un de ses amis, torturé par des policiers du pays qui avaient eux-mêmes été torturés par l'armée coloniale, et ce dans le même commissariat. J'étais venu dans ce pays justement parce qu'on y avait mené une véritable «révolution». Du moins, les structures matérielles, administratives, légales, etc. avaient-elles été changées - mais le cœur des hommes qui dirigeaient le pays n'avait apparemment pas suivi. Ce fut le point de départ d'une longue réflexion qui aboutit, plus de trente ans plus tard, à ce livre.

Comme mon ouvrage précédent, *Découvrir les vraies richesses - pistes pour vivre plus simplement,* ce livre est offert au public à la demande de mon éditeur, Jacques Maire, qui avait lu le manuscrit original. Il n'aurait jamais vu le jour sans deux phrases prononcées par un très grand ami, le Dr. Gérald Jampolsky, auteur du best-seller *Aimer, c'est se libérer de la peur* et psychiatre de réputation internationale. Le Dr. Jampolsky a inventé une nouvelle approche thérapeutique basée sur la guérison des attitudes. Depuis la création de son «Center for Attitudinal Healing» à

Tiburon, en Californie, plus de 120 centres similaires sont nés sur les cinq continents. Jerry, comme l'appellent tous ses amis et patients, est aussi un spécialiste de l'accompagnement des enfants sidéens, et un apôtre de la cause de la paix dans le monde. Or cet homme, qui pourrait s'enorgueillir «d'être arrivé», d'avoir brillamment «réussi», disait à une conférence publique donnée il y a quelques années à l'Université de Genève, «Chaque fois que je vais à notre centre, c'est pour me guérir moi-même». Venant d'un médecin en plus, cela révèle une rare dose d'humilité. Et dans un de ses ouvrages, il écrit, «On enseigne ce qu'on a soi-même le plus besoin d'apprendre».

Ce livre est donc écrit par quelqu'un qui a pleinement conscience d'être dans les toutes premières classes du cheminement spirituel. Mais mon travail de formation avec des chômeurs en fin de droits m'a permis de prendre conscience du fait que l'écoute de ces derniers changeait *totalement* dès l'instant où ils apprenaient que j'avais été chômeur comme eux. Les meilleurs soutiens d'un alcoolique qui cherche à se libérer de l'alcoolisme sont d'anciens alcooliques, et non pas d'éminents spécialistes de la toxicomanie ou des psychiatres.

Personne ne peut s'identifier à Jésus ou Bouddha, fort peu à Gandhi ou Mère Térésa. On s'identifie plus facilement à quelqu'un qui lutte et chemine comme nous. C'est cette réalisation qui m'a poussé à finalement publier ce livre. C'est l'ouvrage d'un apprenti qui le transmet à d'autres apprentis dans l'esprit d'un poème du grand écrivain soufi persan Farid Uddin Attar.

L'auteur y décrit un groupe d'oiseaux qui, réunis ensemble, décident un jour de partir à la recherche de leur roi, le Simorg. Ils passent tous par d'innombrables péripéties, pour un jour se retrouver, en cercle. Ils se regardent et voici, ils découvrent qu'*ils sont le Simorg*. Le roi était en chacun d'eux. Le Royaume est aussi en chacun de nous.

«Vivre sa spiritualité au quotidien». Quel beau pléonasme! En effet, ou bien la vie spirituelle se vit au quotidien, dans le creuset des expériences souvent les plus banales - au bureau, à l'usine (il en existe encore quelques-unes), en jardinant, en lavant sa voiture ou faisant la vaisselle, dans ses affaires ou dans l'intimité conjugale, dans le bus et la rue, dans la souffrance et la joie, ou alors elle n'a vraiment aucune raison d'être.

L'écrivain français Gilles Farcet a écrit à ce sujet : «Si le chemin ne se vit pas dans le quotidien, où donc pourrait-il bien se vivre? Quelqu'un a-t-il jamais respiré ailleurs qu'ici et maintenant»? Faisant allusion à des séjours dans des hauts lieux spirituels, à l'écart des activités de tous les jours, il ajoute, «Mais mes séjours dans ces «hauts lieux» n'ont pour moi de sens que s'ils m'aident à retrouver au cœur même de mon quotidien la dimension sacrée qui, de toute façon, est là, et que ma seule cécité spirituelle m'empêche de percevoir... Hors de l'instant, point de salut». (*Intuitions*, 24, 1994).

On pourrait ajouter que si l'on ne sait pas vivre sa recherche spirituelle dans le métro, au cours d'une dispute ou d'une maladie, devant la télé ou en jouant au tennis ou au foot, alors il est inutile de la mimer au temple ou à l'église, à la mosquée ou à la synagogue. Car ce ne pourrait être qu'une pseudo-spiritualité sans racines et sans vie.

Un bref commentaire sur les mots. Bernanos disait qu'une des plus ineffables disgrâces de l'homme était de devoir confier quelque chose d'aussi précieux que sa pensée à quelque chose d'aussi instable et plastique que le mot. Je fais une distinction importante entre spiritualité et religion. L'auteur américain Robert Torrance distingue entre la quête spirituelle et la religion organisée. Le spirituel (dérivé d'un mot latin signifiant le souffle) se réfère à ce qui anime le mouvement des êtres. Le religieux (qui vient du latin *religere*, créer des liens) se réfère plus à la vie sociale, à l'adhésion à certains rites, à l'unité et l'action collective du groupe. L'activité spirituelle, elle, dit Torrance, est caractérisée par des voyages spirituels intérieurs.

On peut être un adhérent fervent d'une religion et être dénué de toute vraie spiritualité, au sens cette fois d'une manifestation de qualités spirituelles telles que la compassion, la joie, l'amour, etc. comme on peut être libre-penseur, agnostique ou même athée et vivre les valeurs de l'Esprit. Une amie poétesse me disait une fois que les religions étaient des tentatives humaines pour définir l'indéfinissable. Les hommes en viennent à croire leurs définitions, qui ne sont que des poteaux indicateurs, et finissent par oublier la Réalité en direction de laquelle les poteaux indicateurs sont dirigés. Pire, ils en viennent parfois à se battre pour les inscriptions sur les poteaux!

Sans opposer religion et spiritualité (ce qui serait un contre-sens et une absurdité), il faut reconnaître que les religions organisées fournissent seulement *un* contexte (parmi d'autres) par lequel certaines vérités universelles peuvent s'exprimer. Elles sont semblables à des béquilles ou des tremplins: souvent nécessaires pour certains, mais temporaires. Au stade actuel de notre progression historique et du développement de la conscience, certaines formes de religion organisée sont certainement nécessaires et utiles. Les grandes religions ont amené une dimension éthique indispensable au progrès humain. Mais qui ne préfère, s'il le peut, marcher sans béquilles ou quitter le tremplin pour nager?

Aucune vérité ne peut être adéquatement enfermée dans des mots. Même les plus grands écrits spirituels de l'humanité, les explications les plus claires des lois scientifiques, ne peuvent constituer la vérité. Ils constituent tout au plus des poteaux indicateurs. Gandhi disait, «Ma **vie** est mon message». Jésus s'exclama: «Celui qui **fait** la vérité vient à la lumière.»

Non pas celui qui la prêche ou écrit à son sujet. Pour la plupart des grands enseignements spirituels de l'humanité, la vérité réside d'abord dans la démonstration, la preuve, le vécu, dans un état de conscience, et non dans des dogmes, rituels ou livres sacrés. Ces derniers, une fois de plus, ne sont que des poteaux indicateurs.

Un livre qui parle de transcendance utilise nécessairement des mots comme Providence, Créateur, Dieu, etc. Dans la compréhension des choses de l'auteur de ces lignes, il existe des lois spirituelles immuables qui dirigent le cosmos et notre planète. Ces lois émanent d'un Principe infini, impersonnel et totalement bon. Certains se sentiront plus à l'aise en l'appelant «Dieu» - alors que pour d'autres, au contraire, ce mot peut être associé à des souvenirs douloureux. L'essentiel est de ne pas s'achopper sur des mots, mais d'utiliser ces derniers comme des tremplins vers l'inexprimable, vers ce qu'Aigle Volant, dans le livre *Faucon Hurlant*, de Patton Boyle[1]), appelle le «silence entre les mots».

Dans ce récit étonnant sur la sagesse d'un shaman amérindien, ce dernier parle de l'importance d'écouter le silence entre les mots. «La vérité surgit du silence entre les mots. On ne peut la comprendre et la vivre qu'avec son cœur», dit-il. Je voudrais encourager la lectrice ou le lecteur de ce petit livre à écouter les silences entre mes mots. Ecoutez les échos qu'ils éveillent en vous, plus que les mots eux-mêmes. Surtout, surtout ne vous achoppez pas sur ces choses «instables et plastiques» que sont les mots, et auxquels chacun de nous donne un sens différent.

Mes remerciements sincères vont à la douzaine d'amis et connaissances qui ont accepté de relire et commenter le manuscrit de ce livre. Merci pour le temps que vous avez pris, ce temps si précieux qui est le flux de la vie. Avant tout, mes remerciements vont à mon épouse, Elly, qui vit sans en parler tant de pages de ce livre.

Le philosophe français Jean Guitton a écrit: «Il n'y a pas d'éducateurs, mais seulement des gens qui montrent aux autres comment ils s'y prennent pour s'éduquer eux-mêmes». C'est dans cet esprit que ce modeste ouvrage est offert aux chercheurs spirituels de tout horizon.

Mayens de la Bréona, Valais, été 1997

CHAPITRE I

Une expérience hors du commun

Comment rester spirituellement «centré» au milieu d'une rue bruyante ou dans un restaurant plein de fumée?

Dans un métro bondé avec un ivrogne exhalant des relents d'alcool qui vous débite des paroles incohérentes d'une voix rauque?

Comment vous recentrer spirituellement lors d'un vol transatlantique avec le bébé dans le siège derrière vous qui hurle sans cesse pendant une heure? Comment garder votre calme quand quelqu'un vous insulte sans raison aucune?

Ou quand un automobiliste inattentif rentre dans votre voiture flambant neuve?

Comment ressentir de l'amour plutôt que de la pitié dans un camp de réfugiés avec des centaines d'enfants faméliques qui vous fixent du regard?

Ou quand le téléjournal du soir fait irruption au milieu de votre salon avec les images hideuses du dernier massacre à l'autre bout du globe?

Ou montre le masque déformé de haine de quelque dictateur qui arrose votre pays d'injures ou d'un politicien malade de racisme de votre région?

Tout un chacun pourrait continuer cette liste sur des pages entières...

Ce livre voudrait montrer que la «spiritualité» n'est pas un concept abstrait à débattre autour de gaufrettes, mais une force de transformation qui n'a de sens que si elle se vit dans la vie de tous les jours.

A un moment dans ma carrière, j'ai dû faire face à une des décisions les plus difficiles de ma vie: soit conserver mon emploi à condition d'accepter une situation qui violait les règles les plus élémentaires de la déontologie professionnelle et qui m'aurait obligé à une limitation inacceptable de ma liberté d'expression dans le travail d'éducation du public que je menais; soit quitter mon emploi. Le fait que c'était une organisation humanitaire qui m'imposait ce choix n'était pas pour faciliter les choses.

Plutôt que de commettre un hara-kiri moral, j'ai quitté mon emploi.

Dans les semaines et les mois qui suivirent, j'ai commencé à éprouver une rancune aussi violente qu'apparemment indéracinable à l'égard des personnes qui m'avaient mis dans cette situation impossible. En me réveillant le matin, ma première pensée était pour ces gens. Quand je me douchais, en mangeant, en marchant dans la rue, en m'endormant le soir, cette pensée obsédante me tenaillait. Ce ressentiment me rongeait les entrailles et m'empoisonnait littéralement la vie. Je savais que je me faisais du tort à moi-même, mais malgré des heures de prière et de méditation, cette obsession s'accrochait à moi comme une sangsue. Je me sentais et me comportais comme la victime d'une situation et surtout de moi-même!

Puis un jour une parole de Jésus dans le Sermon sur la montagne me parla de façon très puissante: «Bénissez ceux qui vous maudissent» (Matthieu 5:44). Soudain tout devint si évident: c'était littéralement ce que je devais faire. Bénir mes ex-«persécuteurs». Et, sur le champ, j'ai commencé à les bénir de toutes les façons imaginables: dans leur santé, leur joie, leur abondance, leur travail, leurs relations familiales et leur paix, leurs finances et leur bonté... Les différentes façons de les bénir étaient innombrables. Et par bénédiction j'entends ***vouloir tout le bien possible pour une personne ou une communauté, son épanouissement, son bonheur profond, du fond de son cœur, avec une totale sincérité.*** Ceci est la dimension la plus importante de la bénédiction: ***la sincérité alliée à l'énergie du cœur.*** C'est là la force qui transforme et guérit, qui élève et régénère. C'est aux antipodes de tout rituel stéréotypé. La bénédiction spontanée est une fontaine jaillissante qui, pareille à un ruisseau de montagne, cascade en chantant. C'est la fraîcheur perpétuelle – un matin ininterrompu (voir la définition de l'aurore dans la dédicace de ce livre).

Au début, c'était une décision activée par la volonté nourrie d'une intention spirituelle sincère. L'intention en était la clé. Lentement, les bénédictions se déplacèrent de la volonté vers le cœur – car la bénédiction est avant tout une énergie du cœur. Mais le désir sincère de corriger mes propres pensées était là dès le départ.

Je bénissais les personnes en question tout au long de la journée : en me brossant les dents le matin et en faisant mon jogging, en allant à la poste et au supermarché, en lavant la vaisselle et en m'endormant. Je les bénissais individuellement, en silence, en pensant leur nom. Cette discipline continua pendant plusieurs années.

Soudain, un jour, après trois ou quatre mois de cet exercice, j'ai commencé à bénir les gens dans la rue, dans le bus, à la poste, dans des foules ou quand je faisais la queue. Parfois, au début de cette merveilleuse découverte, je parcourais un avion ou un train dans toute sa longueur pour la joie de silencieusement bénir les voyageurs – les bénissant sans réserve, totalement, inconditionnellement. «L'art de bénir» devint un chant silencieux, le motif de base de ma vie spirituelle, comme le *cantus firmus* (la mélodie de base) d'une cantate de Bach. Plus la mélodie ou le thème de base est ferme, plus le contrepoint peut se développer librement et sans inhibition. Bénir les autres devint petit à petit une des plus grandes joies de ma vie – et l'est encore, après bien des années de pratique régulière. C'est devenu la façon la plus efficace de rester spirituellement centré et de débarrasser mon esprit de pensées négatives, critiques ou de jugement.

Je n'ai pas reçu un bouquet de roses de mon ex-employeur, ni même la plus petite expression de regret, la moindre excuse. Mais j'ai reçu des roses de la vie. Par brassées.

J'ai commencé à avoir des expériences étonnantes en pratiquant cet art.

Une fois, j'avais organisé pour la Journée mondiale de l'alimentation un concert dont les bénéfices devaient être envoyés à des groupements paysans en Afrique avec lesquels j'entretenais des liens étroits. Un orchestre afro-antillais offrait gracieusement ses services pour ce concert annoncé par la radio et la presse.

Le technicien de la grande aula de l'établissement secondaire où devait avoir lieu le concert montra dès le départ une immense hostilité à l'égard du projet, pour des raisons inconnues, à tel point que je dus faire venir un autre technicien pour régler les micros et l'éclairage.

Deux heures avant le concert, le premier technicien vint sur scène et ôta tous les micros sauf deux. L'ami africain qui dirigeait l'orchestre était atterré. «Impossible de donner un concert avec un orchestre d'une dizaine de personnes et des chanteurs avec seulement deux micros,» s'exclama-t-il. Ensemble, nous sommes allés voir le technicien. Dès le premier abord, il manifesta une hostilité totale, frisant le racisme. D'abord, j'ai ressenti une forte colère. Mais tout aussi rapidement j'ai réalisé que ce n'était pas par la colère que j'allais guérir cette situation – et le public allait arriver dans moins de deux heures. Alors, pendant que mon ami s'expliquait avec lui, j'ai commencé à le bénir en silence. Soudain, littéralement entre deux phrases, son attitude changea complètement. Là où quelques secondes auparavant il y avait un visage déformé par la haine, apparut soudain le sourire le plus amical. Le technicien s'éclipsa dans son atelier et revint avec une pile de micros, recommandant les meilleurs à mon ami, et nous souhaita une merveilleuse soirée.

A une autre occasion, je terminais la rédaction d'un livre narrant un voyage entrepris à travers une centaine de villages africains. J'étais parti en voyage sur un acte de foi, pensant que si j'écrivais un bon livre, je trouverais par la suite un éditeur disposé à le publier.

Juste avant d'achever le manuscrit, j'ai rencontré une personne qui avait une certaine expérience de la publication. Nous sommes tout de suite devenus amis. Il me dit de lui envoyer le manuscrit une fois terminé, et qu'il le ferait suivre à un ami, directeur de publication dans une bonne maison d'édition. Une fois le manuscrit au point, je lui ai téléphoné pour lui annoncer la fin de mes labeurs et que je pouvais lui envoyer le manuscrit. J'ai mentionné en passant que j'avais aussi un agent littéraire. Dès que j'ai mentionné le terme «agent littéraire» mon nouvel ami est parti en insultes d'une vulgarité stupéfiante à l'égard des représentants de cette profession. «En tout cas, tant que tu as un agent littéraire, il ne faut pas compter sur moi,» lança-t-il en claquant le téléphone.

Dans les jours suivants, simplement parce que je ne voulais pas garder de cette personne une image aussi négative, j'ai commencé à la bénir silencieusement chaque fois que je pensais à elle. Environ dix jours plus tard, quelle ne fut pas ma surprise d'entendre la voix à la fois chaude et amicale de mon ami me disant d'encourager mon agent à envoyer le manuscrit au directeur de publication d'une des meilleures maisons d'édition du pays concerné. «Je lui écrirai un mot et nous verrons ce qui arrivera,» dit-il.

Résultat: mon livre *Une Afrique en marche* fut immédiatement accepté pour impression par la maison Plon. Mon agente me dit que jamais dans une carrière de 20 ans elle n'avait vu un livre publié si rapidement entre le moment où le manuscrit fut reçu et la date de sortie. Au dernier moment, l'éditeur avança même la date de parution pour que le livre pût être disponible pour le Salon international du livre et de la presse de Genève (1989). Mon ami put aussi obtenir pour moi une préface d'une personnalité internationalement connue et respectée pour ses liens avec l'Afrique.

Puis, un jour, sept mois après avoir commencé cette pratique de la bénédiction, quelque chose d'étonnant se produisit. J'étais en train de préparer une conférence sur le thème «Guérir le monde» pour une rencontre internationale de jeunes qui devait avoir lieu à Zürich. Soudain, je fus envahi d'un puissant flot d'inspiration. Je me sentais littéralement comme un scribe sous dictée, et ma main avait de la peine à transcrire assez rapidement les idées qui remplissaient mon esprit.

Le résultat fut le texte suivant:

Le simple art de bénir

Au réveil, bénissez votre journée, car elle déborde déjà d'une abondance de biens que vos bénédictions font apparaître. Car bénir signifie reconnaître le bien infini qui fait partie intégrante de la trame même de l'univers. Il n'attend qu'un signe de nous pour se manifester.

En croisant les gens dans la rue, dans le bus, sur votre lieu de travail, bénissez-les tous. La paix de votre bénédiction sera la compagne de leur chemin, et l'aura de son discret parfum une lumière sur leur route. Bénissez ceux que vous rencontrez dans leur santé, dans leur travail, leur joie, leur relation au divin, à eux-mêmes et aux autres. Bénissez-les dans leur abondance et dans leurs finances. Bénissez-les de toutes les façons concevables, car de telles bénédictions ne sèment pas seulement les semences de la guérison mais, un jour, jailliront comme autant de fleurs de joie dans les espaces arides de votre propre vie.

En vous promenant, bénissez votre village ou votre cité, ceux qui la gouvernent et ses enseignants, ses infirmières et ses balayeurs, ses prêtres et ses prostituées. A l'instant même où quelqu'un exprime la moindre agressivité, colère ou manque de bonté à votre égard, répondez avec une bénédiction silencieuse. Bénissez-les totalement, sincèrement, joyeusement, car de telles bénédictions sont un bouclier qui les protège de l'ignorance de leurs méfaits, et détourne la flèche qui vous est adressée.

Bénir signifie désirer et vouloir inconditionnellement, totalement et sans réserve aucune le bien illimité – pour les autres et les événements de la vie – en puisant aux sources les plus profondes et les plus intimes de votre être. Cela signifie révérer et considérer avec un émerveillement total ce qui est toujours un don du Créateur – et cela quelles que soient les apparences. Celui qui est porté par votre bénédiction est mis à part, consacré, entier. Bénir signifie invoquer la protection divine sur quelqu'un ou quelque chose, penser avec une reconnaissance profonde à elle, l'évoquer avec gratitude. Cela signifie encore appeler le bonheur sur quelqu'un – encore que nous ne soyons jamais la source de la bénédiction, mais simplement le témoin joyeux de l'abondance de la vie.

Bénir tout et tous, sans discrimination aucune, constitue la forme ultime du don, car ceux que vous bénissez ne sauront jamais d'où vient ce rayon de soleil qui soudain perça les nuages de leur ciel, et vous serez rarement témoins de cette lumière dans leur vie.

Quand, dans votre journée, quelque événement inattendu vous bouleverse vous autant que vos plans, éclatez en bénédictions, car la vie est en train de vous apprendre une leçon, même si sa coupe peut vous sembler amère. Car cet événement que vous pensez être si indésirable, vous l'avez en fait suscité, afin d'apprendre la leçon qui vous échapperait si vous hésitiez à le bénir. Les épreuves sont des bénédictions cachées, et des cohortes d'anges suivent leurs traces.

Bénir signifie reconnaître une beauté omniprésente cachée aux yeux matériels. C'est activer la loi universelle de l'attraction qui, du fond de l'univers, amènera dans votre vie exactement ce dont vous avez besoin dans le moment présent pour grandir, progresser, et remplir la coupe de votre joie.

Quand vous passez devant une prison, bénissez ses habitants dans leur innocence et leur liberté, leur bonté, la pureté de leur essence et leur pardon inconditionnel. Car on ne peut qu'être prisonnier de l'image qu'on a de soi-même, et un homme libre peut marcher sans chaînes dans la cour d'une prison, tout comme les citoyens d'un pays libre peuvent être prisonniers quand la peur se tapit dans leur pensée.

Quand vous passez devant un hôpital, bénissez ses patients dans la plénitude de leur santé, car même dans leur souffrance et leur maladie, cette plénitude attend simplement d'être découverte. Et quand vous voyez une personne en pleurs ou apparemment brisée par la vie, bénissez-la dans sa vitalité et sa joie: car les sens ne présentent que l'inverse de la splendeur et de la perfection ultimes que seul l'œil intérieur peut percevoir.

Il est impossible de bénir et de juger en même temps. Alors maintenez en vous ce désir de bénir comme une incessante résonance intérieure et comme une perpétuelle prière silencieuse, car ainsi vous serez de ceux qui procurent la paix, et, un jour, vous découvrirez partout la face même de Dieu.

P.S. Et par-dessus tout, n'oubliez pas de bénir cette personne merveilleuse, totalement belle dans sa vraie nature, et si digne d'amour que vous êtes.

Dans les mois qui suivirent la rédaction de ce texte, je l'ai partagé dans les lettres que j'écrivais à des amis dans différents pays. Au fil des mois et des années, j'ai commencé à recevoir des lettres et des téléphones de personnes de divers coins du monde, personnes qui, la plupart du temps, m'étaient totalement inconnues.

Une mère d'une petite ville du Burkina Faso écrivit: «*Le résultat de l'étude de votre texte, c'est que nous bénissons ceux qui nous font du mal et prions pour eux*».

Un jeune animateur paysan de la région de Mopti au Mali, Mahmoudou, partagea son expérience avec moi. «*J'ai commencé à faire de la bénédiction un comportement de tous les jours, devant n'importe quelle situation. Je l'ai incarnée en moi. Et chaque jour je la sens m'envahir de plus en plus. Elle a commencé à aiguiser mon sens du partage, de la justice, de l'équité et de la solidarité. Je deviens aussi de plus en plus tolérant, patient, endurant, compréhensif et sensible à tout ce qui peut toucher un homme, mon semblable. Au départ, je ne comprenais pas, parce que c'était à la fois très difficile et très facile de pardonner à quelqu'un qui venait exprès de me faire du mal. Alors j'ai compris qu'il s'agissait de seulement maîtriser mon cœur... Cela veut dire que tout dépend de l'esprit, de l'état d'esprit que l'on a à l'égard d'une chose... Qu'Allah le sage suprême nous accorde un bon état d'esprit. Je te remercie vivement. Qu'Allah te récompense...*

...Quand je bénis quelqu'un qui souffre physiquement, moralement ou matériellement, je sens me pénétrer un souffle réconfortant et bénéfique qui me rend fort et serein...J'ai distribué ton texte dans tout mon entourage et même ailleurs».

Quelle riche moisson Mahmoudou a récoltée parce qu'il s'est donné totalement, cœur, âme et esprit, à ce simple art de bénir. Parce qu'il en a fait une discipline de chaque instant, souvent joyeuse, toujours persévérante.

Plus tard, il m'écrivait: «*J'ai discuté de ton texte avec les anciens au village, et ces sages l'ont tous approuvé, me disant que celui qui veut se protéger de la flèche de son ennemi doit avoir le courage de lui faire face et de lui faire du bien avec un sourire sur le visage et dans le cœur. De cette façon, la flèche se détournera de lui et tombera sur le sol aride*».

Un couple en Californie qui dirige des ateliers de développement personnel m'informa qu'il utilisait le texte avec des centaines de personnes. Une femme qui pratique la guérison spirituelle sur l'Île de Wright (Sud de l'Angleterre) m'écrivait: «*Le simple art de bénir fait boule de neige et ne peut manquer d'unir des personnes de tout bord dans le lien de la paix... Il touche tous les cœurs réceptifs, faisant ressortir le sentiment d'unité et la bonté inhérente à chacun.*» Elle mentionna qu'elle l'avait passé à des commerçants, des coiffeurs et «*la Mère supérieure d'un couvent catholique qui fut tellement inspirée par le texte qu'elle en a fait des copies pour toutes les nonnes de son couvent*».

Une femme de l'Etat du Maine aux Etats-Unis m'écrivit au sujet de cette pratique: «Ce texte m'a fait réaliser que je ne peux espérer entrer dans le Royaume de Dieu si je ne prends pas le monde entier avec moi». Elle fait ressortir une des vérités spirituelles fondamentales de la vie: ***il n'existe pas de paradis privés***. Nous nous «sauverons» (au sens profond de ce mot, à savoir atteindre la plénitude de l'être, de la vie) tous ensemble - ou pas du tout.

Le président nigérian d'un centre de recherche sur le management me communiqua: «Chaque jour, je lis Le simple art de bénir après mes prières du matin et du soir. C'est très beau».

Un homme habitant Sofia le reçut d'un ami. Lors d'un déplacement en Suisse, il fit exprès le voyage à Genève pour en parler avec moi. Et au moment de terminer la rédaction de ce texte, je recevais une lettre d'une participante de mes ateliers «***Recréer sa vie***» de l'été 1997 qui écrivait: «J'utilise avec intérêt, surprise et plaisir les bénédictions. J'ai réalisé que j'avais souvent un regard un peu narquois sur les gens et que je pouvais transformer cela en bénédictions. Cela me plaît!»

Finalement, lors de la dernière révision du manuscrit, je recevais d'un jeune détenu que je visite régulièrement à la prison locale, Champ-Dollon, une carte où il m'écrivait: «Depuis que je lis ton texte, je ressens au plus profond de moi une force et la capacité d'affirmer que nous pouvons changer les hommes et repeindre le monde d'enthousiasme et d'espérance».

Pratiquement tous les grands enseignements spirituels et de nombreux mystiques soulignent l'importance d'une attitude visant à développer une conscience constante du divin pour toute personne qui veut progresser spirituellement. Un des grands classiques dans ce domaine est *La pratique de la présence de Dieu* du frère Laurent, un humble moine du 17e siècle.[1]) Une telle pratique n'est sans doute pas excessivement difficile dans un ashram de l'Himalaya ou un couvent trappiste de Dordogne, lors du fameux «hadj» musulman (pèlerinage à la Mecque) avec à votre coude des milliers de gens qui partagent le même but et la même concentration sur leur objectif – ou même lors de votre méditation matinale dans une métropole du Nord. Mais comment garder claire cette conscience spirituelle dans des situations comme celles décrites au début de ce chapitre? Ou quand vous êtes seul dans un ascenseur avec une personne qui fait une crise d'épilepsie? Ou un ivrogne qui s'accroche à vous dans la rue en braillant? Ou un représentant de commerce agressif sur votre pas de porte qui ne veut pas partir avant d'avoir obtenu une commande?

La pratique de la bénédiction – au sens décrit ci-dessus – est une façon privilégiée de développer une conscience spirituelle constamment centrée. C'est aussi un outil très efficace pour grandir en amour universel et ne pas juger. Quand vous bénissez dans leur bonheur tous ceux que vous croisez, sans égard aucun pour leur apparence, accoutrement, expression, en souhaitant vraiment le bonheur pour chacun, sincèrement, de tout votre cœur, il est impossible que ce cœur ne s'élargisse pas. D'un petit cagibi, il deviendra temple.

Nombre de grands enseignements spirituels soulignent que ***l'on ne peut pas grandir spirituellement tant qu'on est alourdi mentalement par l'habitude de juger les autres.*** Alors, ne me croyez pas sur parole. Essayez pour vous-même. Tâchez systématiquement de remplacer chaque pensée de jugement par une pensée de bénédiction – surtout pour ce collègue que vous ne pouvez tout simplement pas supporter! Vous serez le premier bénéficiaire. Personne ne peut se sentir bien, en paix avec lui-même, tout en jugeant. C'est impossible. Mais un cœur plein de bénédictions est comme le jardin intérieur des mystiques soufis. Chacun voudrait y résider en permanence. Or, c'est possible. Il suffit de persévérer en y mettant tout son être.

Mais il est tout aussi certain que cela ne viendra pas du jour au lendemain! Contrairement à notre société qui offre l'instantané dans tous les domaines, il existe peu de résultats immédiats sur le chemin spirituel. Même des expériences instantanées comme telle guérison ou tel moment de vision spirituelle hors du commun sont en général le résultat d'un long cheminement intérieur qui nous y prépare. Cela me prit des années pour secouer les dernières traces de ressentiment concernant mon départ de l'organisation pour laquelle je travaillais – mais quelle moisson merveilleuse je fis en route! Avec du recul, je peux dire que *je suis heureux que la libération ne soit pas venue du jour au lendemain*, tellement les leçons apprises sur le chemin furent précieuses et mêmes indispensables.

L'art de bénir est une des nombreuses formes que prend l'amour, et cela dans une forme aisément accessible, et que chacun peut pratiquer ou comprendre, même si l'on n'a aucune éducation ni expérience «spirituelle» préliminaire. Et c'est une forme d'amour qui bénit autant celui qui la pratique que celui qui la reçoit.

Une des dimensions les plus merveilleuses de cet art est que vous pouvez le pratiquer à longueur de journée, quelle que soit l'activité dans laquelle vous êtes engagé, que ce soit manger, prendre de l'exercice, marcher dans la rue, diriger une réunion d'affaires, vous occuper de patients, enseigner des enfants. En mangeant par exemple, vous pouvez commencer à bénir tous ceux ayant contribué à rendre présents les aliments que vous consommez sur la table. Il y a de fortes chances pour qu'à la fin du repas vous ayez tissé une toile de bénédictions qui recouvre toute la terre, du riz thaïlandais au fromage feta bulgare, du pétrole iranien qui a servi à transporter le jambon italien ou à fabriquer les emballages en plastique, au chauffeur du Kosovo qui a transporté les laitages au supermarché où vous avez fait vos emplettes et qui est éclairé par des tubes néon fabriqués en Malaisie. Vous finirez avec votre café qui est un mélange d'arabica kenyan et de robusta colombien, transporté sur un navire panaméen avec un équipage hétéroclite de marins sénégalais, indonésiens et seychellois, emballé aux Pays-Bas par des ouvrières turques… Essayez, c'est un exercice qui ouvrira pour vous des perspectives étonnantes.

Et, avant tout, apprenez à être créatif avec cette pratique. Suscitez des occasions de bénir, peut-être en créant même un cérémonial à vous, que ce soit seul, en famille, avec des amis, lors d'une fête, d'un départ, d'un retour. Après avoir terminé la révision de ce manuscrit dans le petit chalet du Val d'Hérens au Valais, dans les Alpes suisses, où je passe mes étés, j'ai travaillé de façon acharnée à agrandir une terrasse qui fait face à un paysage de montagnes splendide: au fond de cette longue vallée si large se détache au crépuscule la ligne très pure des Diablerets et du Wildhorn. De nombreux participants de mes ateliers *Recréer sa vie* y ont passé au cours des années des moments inoubliables. Mais la terrasse était un peu étroite pour une douzaine de personnes ou plus. Alors pendant cinq jours, avec l'aide d'un ami, j'ai déplacé au moins deux tonnes de grosses pierres et de cailloux. Une fois le travail terminé, j'ai pris un moment tranquille en me remémorant les moments merveilleux passés sur cette terrasse avec des visiteurs de tant de pays. Et j'ai béni toutes les personnes qui y viendraient dans les années à venir – dans leur plénitude, dans leur recherche de sens, dans leur bonheur profond avant tout... Et j'ai été envahi par un sentiment de paix et de sérénité «qui dépasse toute connaissance» et qui, je crois, reviendra souvent quand j'y retournerai. C'est comme si par cet acte je m'étais uni, à un niveau spirituel, à toutes les personnes qui étaient venues à cet endroit, et toutes celles qui y viendraient encore.

Alors, que ce soit lors d'un mariage, lors d'une réussite professionnelle ou sportive, ou à l'occasion d'une réalisation qui vous tient à cœur, en visitant un(e) ami(e) malade à l'hôpital, en faisant des confitures ou en décorant chez vous la chambre d'un visiteur, faites-en une occasion de bénir dans la joie.

Le texte ci-dessus sur l'art de bénir fait allusion à des lois spirituelles dont les grandes religions et sagesses spirituelles de l'humanité ont parlé depuis la nuit des temps. (Pendant la préparation de ce livre, j'ai pris l'habitude de lire quotidiennement, en parallèle, une ou deux pages du Coran, de la Bible et de la Bhagavad Gîta. C'est une lecture particulièrement instructive sous l'angle d'un meilleur discernement de ces lois). Nous allons les examiner dans les chapitres suivants. Toutes ont des applications très concrètes dans le quotidien.

CHAPITRE II

Un art millénaire

L'art de bénir constitue une des pratiques spirituelles les plus anciennes et les plus universelles du genre humain, tant dans le temps que dans l'espace.

La forme ritualisée de bénédiction qui conclut les services religieux chrétiens ne constitue qu'une parmi des centaines de formes de bénédiction que l'on retrouve partout, dans pratiquement toutes les cultures, et dont certaines formes «laïcisées» subsistent aujourd'hui: pendre la crémaillère, le sapin au sommet d'une maison en construction, le riz que l'on jette sur les mariés.

Dans certaines régions des Alpes suisses, encore aujourd'hui les bergers entonnent chaque soir, dans toutes les directions, des bénédictions sur une sorte de haut-parleur rustique en bois.

Caitlin Mathews a produit un petit livre de bénédictions celtes (qui n'est pas traduit en français) qui montre comment ces dernières s'appliquaient à toutes les circonstances de la vie, et comment elles prenaient des formes très libres[1)]. Mais toutes expriment l'idée ***qu'il existe dans l'univers une force, un principe d'harmonie fondamental qui dirige toutes choses et auquel on peut avoir recours.***

Voici un poème traduit du livre de Matthews et qui s'intitule «Bénédiction pour un(e) bien-aimé(e)»:

Tu es l'étoile de chaque nuit
La luminosité de chaque aurore
Tu es le récit de chaque hôte
L'histoire de chaque pays.

Aucun malheur ne t'adviendra.
Ni sur la colline, ni sur la rive, ni dans le
champ ni dans la vallée, ni sur la
montagne ou dans la gorge.

Ni d'en-dessus, ni d'en-dessous.
Ni dans la mer, ni sur la plage, ni dans
les cieux ou dans les profondeurs.

Tu es le noyau de mon cœur
Tu es la face de mon soleil
Tu es la harpe de ma musique
Tu es la couronne de ceux qui me
tiennent compagnie.

Dans de nombreuses cultures des nations préindustrielles, les bénédictions accompagnaient tous les actes importants de la vie: les semailles et les moissons, la chasse et la pêche, la fabrication artisanale, la préparation des repas, etc. L'Ancien Testament abonde en exemples sur le pouvoir attribué à l'acte de bénir. Dans un passage célèbre, l'auteur va jusqu'à dresser un parallèle entre la bénédiction et la vie, la malédiction et la mort: «J'ai mis devant toi la vie et la mort, la bénédiction et la malédiction. Choisis la vie, afin que tu vives toi et ta postérité» (Deutéronome 30: 19-20. Le «J'ai» se rapporte à Dieu.) Ici la bénédiction représente la force d'amour, la malédiction, c'est la haine.

Les anciennes sagesses avaient compris la force extraordinaire de la pensée – bonne ou mauvaise – que nous ne commençons qu'à redécouvrir. Les pensées peuvent, très littéralement, faire vivre ou au contraire tuer. Ainsi, toujours dans l'Ancien Testament, le livre de l'Exode condamne à la mort celui qui aura maudit ses parents (Exode 21:17). Dans le combat de Jacob avec l'ange à Péniel (Génèse 32), Jacob refuse de relâcher l'ange avant que ce dernier l'ait béni. (Ce récit est à comprendre dans un sens symbolique: la nouvelle naissance de Jacob qui devient conscient de sa nature spirituelle, d'où le changement de nom qui indique la prise de conscience de son identité profonde, divine). L'islam, tout comme le judaïsme ou le christianisme, sans parler des nombreuses pratiques religieuses proches de la nature, accordent également une grande importance à cette pratique.

Qu'une forme de comportement comme la bénédiction soit si universellement répandue dans presque toutes les cultures depuis la nuit des temps souligne quelque chose de très important: l'éveil de l'humanité à une réalité fondamentale pour sa survie même et que l'on pourrait appeler la ***loi de l'attraction du bien*** (voir chapitre IV).

Dans sa redéfinition de concepts spirituels de base, Jésus inclut une notion radicalement nouvelle de la bénédiction, qui donne une vision originale et fraîche de ce que l'art de bénir signifie vraiment. Pour Jésus, être béni était le résultat de vivre sa vie en accord avec les lois fondamentales de l'univers, comme cela ressort clairement des Béatitudes.[2)] Par exemple il indiqua que ceux qui avaient un cœur pur verraient la réflexion divine partout. Il dit que ceux qui avaient un esprit clair, qui refusaient de couper les cheveux en quatre, d'intellectualiser les vérités spirituelles (tout cela est compris dans le notion de «pauvres en esprit») auraient le cœur rempli d'amour inconditionnel (ce qu'implique la notion de «Royaume de Dieu»).

Il souligna encore que nombre de bénédictions ou de bienfaits surviendraient à ceux qui rayonnaient la bonté et qu'ils «hériteraient la terre». En d'autres termes, en fin de compte la vraie bonté triomphe toujours de la haine, de l'obscurité et de la violence, non parce qu'il existe une vertu morale spéciale à faire le bien, à être bon, mais parce que ***l'amour inconditionnel s'exprimant sous la forme de la bonté constitue la structure ultime de la réalité et de l'univers.***

Le fait de bénir active certaines des lois spirituelles fondamentales qui dirigent l'univers et les relations humaines, et que nous examinerons plus loin. Ces lois semblent aussi rigoureuses - bien que plus difficiles à prouver - que celles du monde physique. Aussi l'art de bénir n'est-il pas simplement constitué de quelques bonnes paroles ou pensées positives. Quand les lois qui le sous-tendent sont comprises et consciemment appliquées, l'art de bénir peut devenir un puissant instrument de changement pour le bien, un moyen de guérir, comme mon ami Mahmoudou et beaucoup d'autres l'ont découvert en le pratiquant. Et cela peut être l'expérience de chacun ou chacune.

J'ai fait allusion à la notion de lois, et il convient d'expliciter cette notion, sur laquelle repose tout cet ouvrage.

Que l'univers soit dirigé par des lois – qu'avec notre compréhension actuelle nous appelons lois physiques, chimiques, biologiques, génétiques, voire spirituelles pour certains – semble difficile à mettre en doute aujourd'hui. Sans l'existence de telles lois, l'univers serait totalement anarchique dans son fonctionnement. La science moderne repose entièrement sur l'idée de l'existence de telles lois, mais pour l'instant elle n'admet en général leur existence qu'au niveau matériel, même si dans le domaine de la médecine, on constate dans certains milieux d'avant-garde une acceptation croissante de l'idée de lois spirituelles. [3)]

Ce faisant, la science s'impose des œillères regrettables et fort peu...scientifiques! En effet, la méthode scientifique représente une certaine approche de la réalité basée sur l'expérimentation et la capacité à prédire certains événements à partir d'hypothèses données. Cette méthode constitue incontestablement un des plus grands progrès de l'esprit humain depuis la nuit des temps.

Absolument rien dans la méthode scientifique n'empêche *a priori* de l'appliquer au plan spirituel. Des expériences en nombre croissant dans le domaine de la santé semblent indiquer l'existence de telles lois spirituelles. Ceci est actuellement si bien accepté par certains scientifiques que la faculté de médecine de l'université de Harvard organise depuis 1995 des conférences internationales réunissant des médecins et des guérisseurs spirituels du monde entier [4]. Or, quand une école de médecine prestigieuse organise une conférence réunissant des scientifiques de pointe et des personnes du monde de la religion pour examiner entre autres l'efficacité statistiquement démontrée de la prière sur la santé, on ne peut s'empêcher de penser que quelque chose d'étonnant est en train de se passer. L'idée d'un univers où des lois spirituelles rigoureuses sont à l'œuvre commence à pénétrer le monde scientifique.[*]

---

*) La démarche scientifique exclut l'idée de miracles au sens d'un événement qui se produirait de façon gratuite et imprévisible en dehors des lois régissant le fonctionnement de l'univers. Je souscris entièrement à cette idée. Mais quand dans une expérience sous contrôle scientifique rigoureux, on peut montrer l'impact statistiquement significatif de la prière sur un groupe de malades souffrant de problèmes cardiaques, on ne peut s'empêcher de postuler qu'une autre causalité, non matérielle, est à l'œuvre. (On trouvera la référence à cette expérience dans le livre du Dr. Dossey mentionné sous la note 3 de ce chapitre dans la bibliographie). Le Dr. Dossey, une autorité reconnue sur les méthodes de guérison «alternatives» déclarait que plus de 140 études publiées démontraient l'efficacité thérapeutique de la prière. «C'est un des secrets les mieux gardés de la science moderne. Les médecins supposent que cela ne peut pas être vrai, mais ils ne peuvent pas faire disparaître les faits». (Interview dans le Seattle Times, 2 février 1993. Mes italiques.)

Que ces lois ne puissent être contrôlées en laboratoire ne signifie pas qu'elles n'existent pas. Cela indique simplement que la preuve de leur existence doit être amenée d'une autre façon. Une radiographie qui montre qu'une fracture s'est soudée en quelques heures, comme le rapporte le récit ci-dessous, semble prouver qu'une loi autre que celles connues de la physiologie est à l'œuvre. Notre créativité et notre intelligence doivent dépasser les limites auto-imposées d'une science basée sur l'observation purement matérielle, et élargir la méthode scientifique de façon à ce qu'elle puisse embrasser également des phénomènes et des lois qui, pour ne pas être mesurables en laboratoire, n'en sont pas moins réelles.

Le Dr. Laurence Doyle était, quand je l'ai rencontré il y a quelques années, un des responsables du programme SETI de recherche sur les intelligences extra-terrestres de la NASA (SETI= «Search for Extra-Terrestrial Intelligence»). Ce chercheur est un scientifique de haut niveau et d'une rare intégrité, avec qui j'ai eu le privilège d'avoir de longues discussions sur sa philosophie de la vie, sa vision de l'univers et des lois rigoureuses qui le dirigent, y compris à un niveau spirituel. Dans un ouvrage récent, il raconte la guérison étonnamment rapide d'une fracture ouverte qu'il subit comme adolescent.

Il participait à un tournoi de judo, quand un adversaire lui saisit le doigt et le tira en arrière si violemment que l'os sortait de la peau. Son instructeur lui dit que le doigt était fracturé et l'envoya à l'hôpital pour une radiographie. Il descendit immédiatement aux urgences, où il dut attendre trois quarts d'heure. *«En attendant, je pensai à l'histoire de la Bible où Dieu guérit Job quand il pria pour ses amis. Je commençai à parler avec toutes les personnes dans la salle des urgences et à les réconforter, au point d'en oublier complètement mon propre problème. Quand je regardai de nouveau ma main, l'os s'était lui-même remis en place».* Jusque là, rien d'extraordinaire. Ce n'est certes pas une expérience quotidienne, mais c'est de l'ordre de ce qu'on peut accepter. La suite surprend plus. *«Quand j'obtins ma radiographie, le technicien me dit que l'os avait bien été fracturé, s'était remis de lui-même et était déjà soudé, et que je n'aurais jamais dû venir aux urgences. L'évidence de l'os fracturé était tellement visible que cela rendit la guérison très spéciale: personne ne pouvait prétendre qu'il n'y avait pas eu de fracture... Mon interprétation de la guérison est que votre main existe dans votre pensée. Aussi, quand votre pensée est correcte, rien – y compris le temps – ne peut empêcher le processus de guérison.»* Le Dr. Doyle affirme: *«Nous sommes arrivés au point où nous allons être forcés par la physique à accepter le fait que le corps et la pensée ne peuvent pas être séparés.»* [5)]

Contrairement à ce que certains pourraient craindre, une spiritualité qui intégrerait une démarche scientifique ne serait pas froide, mécanique ou distante. Elle pourrait conserver intact la notion de mystère, la présence du sacré, l'émerveillement devant l'infini et la création, la plénitude de la grâce, l'anticipation joyeuse de l'imprévu, la spontanéité de l'âme enfantine. Elle s'enrichirait simplement d'une dimension additionnelle. Elle ne serait en rien diminuée. Au contraire, elle s'élargirait.

Commençons maintenant à examiner certaines de ces lois dont nous parlons, non sans avoir auparavant défini ce terme. Par loi, nous entendons ***une réalité universelle et impérative qui décrit un rapport constant entre divers phénomènes.***

CHAPITRE III

La loi des attentes positives

«Au réveil, bénissez votre journée, car elle déborde déjà d'une abondance de biens que vos bénédictions feront apparaître. Car bénir signifie reconnaître le bien infini qui fait partie intégrante de la trame même de l'univers. Il n'attend qu'un signe de nous pour se manifester.»

«Seul se lève le jour pour lequel nous sommes prêts» écrivait l'auteur américain Henry David Thoreau. En le paraphrasant, on pourrait dire: par la qualité de nos attentes, de notre éveil, nous *choisissons* le type de journée qui se lève dans nos vies. L'attente du bien nous ouvre à le recevoir.

Une des expressions les plus brèves et puissantes de cette loi - qui a rarement été comprise comme une description de cette loi des attentes positives - est la déclaration de Jésus, «Tout ce que vous demanderez par la prière, croyez que vous l'avez reçu, et vous le verrez s'accomplir» (Marc 11:24). La prière ici est décrite non comme une supplique adressée à quelque capricieuse et lointaine divinité, dont la réponse est aléatoire, mais comme l'activation du principe universel du bien infini qui dépend, pour se manifester, de l'intégrité de nos motifs et d'une compréhension intelligente de la loi elle-même.

En d'autres termes, et malgré toutes les apparences matérielles clamant le contraire, le bien est toujours omniprésent. A mesure que nous apprenons à ouvrir notre conscience, le bien se manifeste de plus en plus dans notre vie. L'univers est un endroit d'une abondance infinie pour tous à tout moment – quoique cette abondance soit souvent d'une nature non matérielle – si seulement nous suivons les lois qui nous permettent d'y avoir accès.

En effet, toute richesse ou invention matérielle, toute découverte quelle qu'elle soit, commence par une idée. Or, par définition les idées sont infinies. Combien de personnes sans emploi ont trouvé leur salut, non dans des indemnités qui parfois permettent tout juste de survivre, mais dans leur merveilleuse créativité qui a donné naissance à des projets générateurs d'abondance pour eux et souvent pour d'autres.

Peut-être trouverez-vous l'explication de cette loi difficile à accepter. Ce serait compréhensible. Alors, prenez-la simplement comme une *hypothèse de travail* à tester dans votre propre vie. Car si l'univers est régi par des lois – ce qui est la prémisse de cet ouvrage – alors on peut avoir à leur égard une attitude réellement expérimentale plutôt que mystique ou relevant de la foi du charbonnier. Nous sommes appelés à faire l'expérience de ces lois, à avoir une attitude pragmatique.

Il est essentiel de comprendre que parce que nous n'avons pas créé les lois qui gouvernent l'univers et la réalité, nous ne pouvons jouer le jeu de la vie selon nos propres règles ou lois, pas plus qu'un pilote d'avion ne pourrait soudain décider de négliger les lois de l'aérodynamique et faire voler l'avion selon des lois à lui. Ce serait courtiser le désastre.

Pourtant, il semble que l'humanité fasse cela depuis des siècles: nous avons tenté d'inventer nos propres solutions, selon nos propres règles (en général celles imposées par les plus puissants – par exemple la «loi» du plus fort). Nous avons fait un bout de chemin, mais aujourd'hui, il faut avouer que le résultat n'est pas brillant. Il y a sans doute possibilité d'améliorer nos performances.

En fait, *nous n'avons même pas le choix*. Tôt ou tard, nous devrons, que ce soit individuellement ou collectivement, jouer le jeu de la vie selon les lois créées par l'intelligence infinie qui fait fonctionner cet endroit stupéfiant qui s'appelle «planète Terre». On peut même se demander s'il n'y a pas une certaine arrogance de notre part à croire que nous pouvons vivre sur cette Terre en négligeant des lois dont le seul objectif est notre bonheur.

Par exemple, si nous avons de si graves problèmes écologiques aujourd'hui, c'est bien parce que, depuis la révolution industrielle, nous avons gravement négligé les lois qui gouvernent l'environnement. La seule porte de sortie pour nous est maintenant de remettre le fonctionnement de l'économie en harmonie avec ces lois. Ces lois – dont la Règle d'or n'est qu'un exemple (voir chapitre V) – existent à tous les niveaux: social et individuel aussi bien qu'écologique et physique.

Avant de décrire certaines de ces lois de façon plus détaillée, il serait utile de dire quelques mots sur le concept même de loi spirituelle.

J'ai été élevé dans une religion calviniste sévère, profondément persuadée de la nature fondamentalement pécheresse de l'être humain. Tous les dimanches, du haut de la chaire, j'entendais dire que nous étions «nés dans le mal, enclins au péché, incapables par nous-mêmes d'aucun bien...» La vie ressemblait à une montagne très raide, dont les parois étaient recouvertes de savon. On grimpait à quatre pattes en s'agrippant tant bien que mal aux aspérités du chemin... et plouf, le dimanche on nous poussait la tête sous l'eau. Le lundi on recommençait l'ascension. Au sommet de la montagne était censé se trouver un personnage sévère, appelé «Dieu le Père», armé d'une abondance d'éclairs qu'Il était prêt à lancer sur les pauvres pécheurs que nous étions (et j'étais intimement persuadé d'être parmi les pires.) Il tenait un gros livre de comptes et j'avais la certitude que mes débits dépassaient de loin les rares crédits glanés ici et là. Il avait édicté des lois sévères dont la transgression entraînait une punition certaine, la plus sévère étant de frire à tout jamais dans un endroit surchauffé appelé «enfer».

Puis, un jour, des années après avoir quitté ma famille, mon église, et mon pays, j'ai découvert mon propre chemin spirituel. Le Père céleste menaçant et sombre se transforma lentement en un Principe d'harmonie infiniment bon, avec des qualités autant maternelles que paternelles, manifestant un amour inconditionnel, incapable de punir parce que, comme le dit le prophète Habakuk, «ses yeux sont trop purs pour voir le mal» (Habakuk 1:13). L'amour infini, qui est lumière, ne peut voir l'obscurité, car en sa présence l'obscurité disparaît dans son néant originel. Dans cette vision, les lois spirituelles n'étaient pas des cordes tressées pour réprimer mes incartades ou les outils générateurs de culpabilité qu'elles étaient dans la religion de ma jeunesse, mais des instruments en même temps tendres et fermes pour protéger, guider et surtout *libérer.*

Pour beaucoup de gens, le concept de loi a des connotations négatives, voire punitives. Il est associé à l'interdiction («Tu ne...») à la répression et à la punition. L'humanité apprend (lentement, semble-t-il - et c'est un apprentissage que chacun fait également individuellement) que la seule «punition» que nous puissions subir est la souffrance auto-imposée qui découle de la négligence des lois spirituelles qui existent pour notre bien, notre bonheur. Dans cette optique, «loi» a une connotation de direction, de soutien. Ces lois constituent des béquilles dans des moments de faiblesse ou de manque de clarté, les plus fidèles compagnes de notre croissance, des tremplins vers une vision plus élevée. ***Ainsi, la loi représente paradoxalement le sommet de la liberté, car elle signifie apprendre à vivre selon les règles fondamentales qui gouvernent l'univers, et dont la plus importante est, dans l'optique de ce livre, la loi de l'amour inconditionnel.***

A mesure que l'humanité apprend à vivre selon cette loi, elle se révèle comme la structure ou la substance ultime de la réalité. Aigle Volant résume la vision des plus grands mystiques et visionnaires de l'humanité quand il dit à Patton Boyle, *«L'amour est ce qui est... L'amour constitue la dimension la plus profonde. On ne peut le créer. Comme il y a des choses que tu associes à l'amour, tu penses qu'elles sont une expression de ton amour. Tu ne peux créer l'amour en toi. Tu peux créer certaines choses, mais tu ne peux créer l'amour. L'amour, sous sa forme la plus pure, se rencontre dans le royaume du silence. Derrière la matière et l'énergie et derrière toutes les choses que l'on peut rencontrer dans les royaumes physique et spirituel, se trouve l'amour. L'amour est l'élément fondamental derrière tout ce qui est... L'amour est à la fois le commencement et la fin. L'amour reste la source d'où tout procède et vers quoi tout se dirige. Il est l'essence élémentale de l'univers. Le seul fait de le rencontrer induit en vous une transformation inéluctable, car l'amour est constamment changeant tout en étant immuable.»* [1)]

Alors, au risque de me répéter, soulignons que plus nous nous attendons au bien et l'affirmons comme une loi qui gouverne nos vies, plus il se manifestera dans notre existence.

C'est pour cela qu'il est si important de commencer chaque journée en la bénissant, avec un profond sentiment de gratitude, parce que de telles bénédictions reconnaissantes sont la meilleure façon d'ouvrir les «écluses des cieux» de l'abondance divine dont parle l'Ancien Testament et de laisser le bien remplir nos vies.

Alors pourquoi ne pas commencer la journée en affirmant avec gratitude et une joyeuse conviction que *l'Amour divin, agissant sur la loi d'attraction à travers tout l'univers, amènera dans ma vie exactement ce dont j'ai besoin dans le moment présent pour grandir, progresser, et remplir la coupe de ma joie MAINTENANT.* Et voyez ce qui se produit!

Et comme ce livre suggère une approche très pragmatique à la pratique de l'art de bénir, si le terme «Amour divin» vous dérange, utilisez une expression comme «force de vie», «loi d'harmonie», ou toute autre expression qui vous convient. Comme l'a dit avec humour le rabbin François Garai, «Chacun possède sa voie vers la connaissance de l'existence de Dieu. Ne standardisons pas le chemin, et que Dieu nous protège de tout clonage spirituel».

A bon entendeur, salut!

CHAPITRE IV

La loi du juste retour

«En croisant les gens dans la rue, dans le bus, à votre lieu de travail, bénissez-les tous. La paix de votre bénédiction sera le compagnon de leur chemin, et l'aura de son discret parfum une lumière sur leur route. Bénissez ceux que vous rencontrez dans leur santé, leur travail, leur joie, leur relation à Dieu, à eux-mêmes et aux autres. Bénissez-les dans leur abondance et dans leurs finances. Bénissez-les de toutes les façons concevables, car de telles bénédictions ne sèment pas seulement les semences de la guérison, mais, un jour, jailliront comme autant de fleurs de joie dans les espaces arides de votre propre vie. «

La loi du juste retour a été exprimée de nombreuses façons dans les grands enseignements spirituels de l'humanité. Elle s'appelle loi du karma dans nombre d'enseignements orientaux, ou encore loi de la cause et de l'effet: au niveau spirituel, toute cause est vue comme ayant un effet. Dans le Nouveau Testament, il est dit qu'un homme moissonne ce qu'il sème (Galates 6:7). Le Coran inclut plusieurs passages précisant ce juste retour, par exemple: «Chacun recevra le prix de ses œuvres au jour de la résurrection»

(Sourate III, La famille d'Imran, 182). Dans sa belle introduction à la Cabbale, le rabbin Adin Steinsaltz rappelle que: «Tout ce que l'homme fait crée en retour un flux vital; l'ensemble de son être spirituel est impliqué dans chacun de ses actes», [1] thème que l'on rencontre à travers tout l'Ancien Testament. Ainsi le livre des Proverbes dit que: «Le méchant est renversé par sa méchanceté» (14:32) et l'Ecclésiaste ajoute: «Dieu amènera toute œuvre en jugement, au sujet de tout ce qui est caché, soit bien, soit mal» (12:16). Dans la conception chrétienne, la grâce peut annuler la loi du juste retour, mais seulement à certaines conditions, comme un repentir sincère (voir au chapitre XI les remarques sur la parabole du Fils prodigue).

Le confucianisme souligne que: «Ce qui sort de vous vous reviendra», et dans l'hindouisme on trouve cette parole: «Tu ne peux récolter ce que tu n'as pas semé. L'arbre poussera comme tu l'as semé.»

Nous habitons un univers où tout est énergie: le geste le plus modeste nécessite une dépense d'énergie, et la pensée elle-même est énergie. Cela est vrai des paroles et des actes, mais l'énergie la plus puissante, car donnant naissance à tout le reste, est la pensée. On pourrait dire qu'au niveau de l'esprit, les pensées sont comme des boomerangs. Il convient de faire attention aux pensées que nous envoyons dans l'univers, car tôt ou tard elles nous reviendront, augmentées d'une énergie positive ou négative.

L'enseignement d'un sage africain, Tierno Bokar, rapporté par le philosophe malien Amadou Hampaté Bâ illustre ceci de façon imagée :

Le sage rapportait à un groupe d'élèves que la bonne action la plus profitable consistait à prier pour ses ennemis, et qu'en les maudissant (comme le fait le commun des mortels) on se faisait beaucoup plus de mal à soi qu'en les bénissant. Un des élèves avoua ne pas comprendre, puisqu'une malédiction bien visée pouvait détruire un ennemi.

Alors Tierno utilisa la parabole des oiseaux blancs et noirs. *«Imaginez,* dit-il, *deux murs face à face, chaque mur étant percé d'une multitude de petits trous où nichent des oiseaux noirs et blancs. Les premiers sont nos mauvaises pensées ou paroles, les deuxièmes nos bonnes pensées ou paroles. Les oiseaux, comme les trous, ont des formes légèrement différentes: les noirs ne peuvent entrer que dans les trous noirs, les blancs nicher que dans les trous blancs.»*

Puis Tierno imagine deux hommes qui se considèrent comme ennemis, Ali et Youssouf. Un jour, persuadé qu'Ali fomente du mal contre lui, Youssouf lui décoche une mauvaise pensée. Par cet acte, il lâche un oiseau noir, qui libère du même coup un trou de la même couleur. La pensée-oiseau noire de Youssouf s'envole vers le mur d'Ali, à la recherche d'une niche noire inoccupée adaptée à sa forme. Imaginons maintenant qu'Ali n'a pas répliqué en envoyant une mauvaise pensée (oiseau noir). Donc aucune niche noire ne sera libre. Ne trouvant d'endroit où nicher, l'oiseau noir de Youssouf reviendra vers son trou d'origine, ramenant le mal dont il était chargé. N'ayant pas réussi à faire de mal à Ali, il en fera à Youssouf, car le mal ne reste jamais inactif, même (et surtout) à l'égard de celui qui lui donne naissance.

Si par contre Ali rentre dans le jeu de son adversaire présumé (car tout ceci se déroule au niveau subjectif, dans l'imagination des deux hommes) et émet lui aussi une mauvaise pensée, il libère du même coup un trou noir dans lequel l'oiseau noir de Youssouf pourra se loger et déposer une partie de la charge de mal dont il est porteur. Dans le même temps, la pensée agressive d'Ali se sera envolée vers le mur de Youssouf et aura déposé sa charge de haine dans le trou libéré par l'oiseau noir de Youssouf. Ainsi les deux oiseaux noirs auront atteint leur but et contribué à détruire la personne à laquelle ils étaient destinés.

«Mais ajouta Tierno, *une fois leur tâche accomplie, ils reviendront chacun à leur nid d'origine, car il est dit, "Toute chose retourne à sa source". Le mal dont ils étaient chargés n'étant pas épuisé, ce mal se retournera contre leurs auteurs ... L'auteur d'une mauvaise pensée, d'un mauvais souhait ou d'une malédiction est donc atteint à la fois par l'oiseau noir de son ennemi et par son propre oiseau noir»* .

La même chose se passe bien sûr avec les oiseaux blancs. Si, quelles que soient les circonstances, nous n'envoyons que de bonnes pensées, des bénédictions, alors même que notre ennemi nous envoie juste le contraire, ses oiseaux noirs ne trouveront pas où se loger, et nos oiseaux blancs reviendront à nous, renforcés et stimulés par l'exercice qu'ils auront eu en volant dans les cieux souvent agités de la pensée humaine. Mais les oiseaux noirs de notre opposant retourneront dare-dare chez leur expéditeur.

«Ainsi, conclut Tierno Bokar, *si nous n'émettons que de bonnes pensées, aucun mal, aucune malédiction ne pourront jamais nous atteindre dans notre être. C'est pourquoi il faut toujours bénir ses amis et ses ennemis. Non seulement la bénédiction va vers son objectif pour y accomplir sa mission d'apaisement, mais encore elle revient vers nous, un jour ou l'autre, avec tout le bien dont elle était chargée».* [2)]

C'est pour cela qu'aimer inconditionnellement est l'activité la plus importante dans tout l'univers, la plus apte à produire le bonheur le plus profond. Nous n'aimons pas inconditionnellement pour satisfaire quelque loi morale abstraite ou quelque lointaine déité. Comme l'a écrit St. Exupéry, «On aime parce qu'on aime. Il n'y a pas de raison d'aimer». Si le fond de notre être est amour, alors aimer est simplement l'expression la plus authentique, la plus naturelle de notre identité profonde. Et ce faisant, nous découvrons que c'est aussi un merveilleux chemin vers le bonheur, la santé et la plénitude totale. L'amour, répétons-le, est la substance même de notre être, de notre essence et la structure ultime de la réalité elle-même, comme le soulignait Aigle Volant dans un passage déjà cité. Bénir sans attente de retour, anonymement, est une des nombreuses expressions de cet amour inconditionnel (même si, comme le souligne le Coran, le bien que nous faisons nous revient multiplié: «Les bonnes œuvres auront pour prix un bien dix fois aussi grand», Sourate VI, Les troupeaux, 161.) Ce bien multiplié peut simplement être la paix intérieure – par les temps qui courent, un placement certainement plus sûr que ceux qu'assurent les places financières.

La médecine moderne commence elle aussi à découvrir le pouvoir de guérison étonnant de l'amour. Le Dr. Bernie Siegel, cancérologue américain connu, dans son best-seller *L'amour, la médecine et les miracles*, souligne que la médecine moderne a maintenant des preuves indiscutables de la capacité de l'amour à guérir et se maintenir en santé.[3)] Le Dr. Gerald Jampolsky définit la santé comme la capacité à aimer: la santé est cet état où nous nous ressentons comme amour et comme partageant l'amour, écrit-il.

Pour la plupart des gens, et sans doute bien des lectrices ou lecteurs de ce livre, l'amour inconditionnel peut sembler un but bien lointain, quand nous regardons les petites mesquineries quotidiennes dont nous sommes encore capables. On pourrait se décourager simplement à y songer! Mais comme disait le penseur américain Emerson, «Accroche ton chariot à une étoile» – pas à un lampadaire!

Une des prises de conscience les plus puissantes que l'on puisse atteindre au niveau spirituel et que l'on retrouve dans les écrits de nombreux mystiques est que, quelque part, à un niveau de conscience plus profond et plus pénétrant que celui du quotidien, TOUT EST UN. Comme le disait le célèbre mystique soufi Kabir, «Vois l'un en toutes choses, c'est le second qui t'égare».

Parce que tout est un, les qualités et le bien que nous revendiquons (ou omettons de revendiquer) pour les autres, nous les revendiquons (ou omettons de revendiquer) pour nous-mêmes. A un niveau spirituel, nous nous voyons nous-mêmes exactement comme nous voyons les autres. Mon frère ou ma sœur est le miroir de l'image que j'ai de moi-même. Comme le dit le livre *A Course in Miracles*, «Quand nous rencontrons quelqu'un, rappelons-nous qu'il s'agit d'une rencontre bénie. Le regard que nous portons sur nous-mêmes sera identique à celui que nous portons sur cette personne. Nous nous traiterons de la même façon que nous la traitons.» Et, plus important que tout: «Nous penserons de nous-mêmes de la même façon que nous pensons de cette personne. N'oubliez jamais cela, car en elle nous nous trouverons ou nous nous perdrons... Ce que nous voyons dans notre frère, nous le voyons en nous-mêmes. ***Ce que nous souhaitons pour lui, nous le recevrons***». [4)]

Dans un passage d'un radicalisme spirituel tel que même *Le Capital* de Marx pâlit en comparaison, le prophète Esaïe souligne l'impossibilité qu'il y a à séparer le bien de mon frère du mien – et vice-versa. Il rappelle que je ne peux être sain, entier, épanoui, tant que mon prochain ne l'est pas.

Voici le jeûne auquel je prends plaisir:
Détache les chaînes de la méchanceté,
Dénoue les chaînes de la servitude,
Renvoie libres les opprimés,
Et que l'on rompe tout espèce de joug;
Partage ton pain avec celui qui a faim,
Et fais rentrer dans ta maison les malheureux sans asile;
Si tu vois un homme nu, couvre-le,
Et ne te détourne pas de ton semblable.
Alors ta lumière poindra comme l'aurore
Et ta guérison germera promptement.»

(Esaïe 58)

Ce qui est frappant dans ce passage c'est que le prophète rend notre plénitude, notre guérison dépendante de nos actions pour ceux qui souffrent ou vivent dans la privation.

Au moment de préparer ce manuscrit, j'ai reçu du Sahel une lettre d'un jeune ami chômeur, Jacques, qui vit dans le dénuement le plus total et qui faisait étrangement écho à ces paroles d'Esaïe: *«Si tu as un frère qui est à l'autre bout du monde, et qui souffre de toutes sortes de maux, et toi tu es là en très bonne santé, bien que tu sois en bonne santé, tu es malade à cause de ton frère qui n'est pas en bonne santé mais qui ne peut être séparé de toi en esprit. Donc vous êtes en fait tous les deux malades, car il est lié par le même amour»*.

Une amie fit de façon frappante l'expérience illustrant que l'on récolte ce que l'on sème. Son mariage, qui avait été pendant près de 20 ans un enfer presque quotidien, se termina finalement en divorce. Elle avait une vie spirituelle très développée, était fort heureuse dans son nouveau champ d'activité dans le domaine humanitaire, et ressentait un profond sentiment de plénitude grâce à la vie qu'elle menait.

Il n'y avait aucune place dans sa vie pour un homme, et elle sentait que le chapitre «relations avec l'autre sexe» était, au niveau intime, définitivement clos.

Un jour, dans le cours de son travail, elle rencontra un homme engagé dans le même champ d'activité qu'elle et accepta son invitation à lui rendre visite dans son petit appartement mansardé. Elle y passa une soirée exceptionnelle. Leur partage spirituel fut profond.

En retournant chez elle en voiture, elle se dit qu'il était le plus bel être humain qu'elle avait jamais rencontré. Elle ressentit un rare sentiment de joie en pensant au bonheur qu'il procurerait un jour à une autre femme, et elle bénit cette femme inconnue, lui souhaitant de tout son cœur la totalité du bien.

Quelques mois plus tard, dans un site de montagnes d'une beauté à couper le souffle, ce nouvel ami lui passait au doigt une bague de fiançailles.

Ce qui est particulièrement intéressant est que l'homme en question caressait secrètement le vœu d'épouser un jour une femme qui avait eu un premier mariage malheureux, afin de pouvoir lui faire découvrir une qualité de bonheur profonde. Ainsi, dans les deux cas, le désir désintéressé de bénir autrui conduisit à une union d'une qualité rare.

La loi du juste retour agit à tous les niveaux de la vie. Voici un petit exemple qui m'est arrivé en préparant ce livre. Fin 1995, j'ai quitté mon emploi pour me lancer comme formateur indépendant. Ce n'était pas facile, dans un marché que tous décrivaient comme déprimé, où entreprises comme administrations faisaient de sombres coupes dans les budgets de formation, où de plus en plus de personnes se lançaient comme formateurs – pour ne mentionner que quelques-uns des défis. Le premier mois fut un mois sans aucun revenu.

Un soir, un ami africain me téléphona pour me parler de la situation financière désespérée d'un de ses amis à Londres, qui n'avait pas reçu la bourse promise par son gouvernement. Je lui ai expliqué ma situation, disant que pour l'instant il ne m'était malheureusement pas possible de faire quoi que ce soit. Plus tard dans la soirée, je me suis ravisé et je lui ai envoyé une somme assez importante pour son ami.

Quelques semaines plus tard, je fus interviewé à la radio à propos des ateliers ***Vivre autrement*** que j'organise, ainsi qu'à propos de mon ouvrage *Découvrir les vraies richesses*, que je venais de publier. Un vieil ami de mon père décédé, que je n'avais plus revu depuis 10 ou 12 ans, et avec lequel je n'avais plus aucun contact, entendit l'émission et m'envoya exactement deux fois le montant que j'avais fait parvenir à l'ami de Londres. L'oiseau blanc m'était revenu accompagné d'un généreux compagnon!

Concernant cette loi du juste retour, parce qu'il s'agit bien d'une ***loi***, nous pouvons toujours compter dessus.

Il est important de souligner qu'il n'existe pas de formules correctes pour la bénédiction. C'est une attitude joyeuse du cœur, non pas un rituel, aussi la sincérité est-elle infiniment plus importante que la forme. Comme le dit Aigle Volant à Patton Boyle, «Tu veux apprendre la vérité de ma bouche au lieu d'en faire toi-même l'expérience. Tu ne découvriras pas la vérité dans ce que je dis. La vérité ne peut être saisie qu'à travers l'expérience». [5)]

Cela dit, peut-être puis-je partager quelques points de mon expérience dans ce domaine. La première est qu'il convient d'éviter tout volontarisme. Il ne s'agit pas de crisper les poings la prochaine fois que vous êtes en colère contre quelqu'un et vous concentrer très fort en disant «Je dois bénir X, je dois bénir X...»! En faire un acte mécanique ou un pur exercice de volonté, c'est le vouer d'avance à l'échec.

Ensuite, il est important d'être spécifique en bénissant les gens. C'est visualiser une personne comme entourée d'une forme précise du bien – la santé, l'abondance, la joie, etc. Il ne s'agit pas d'un vœu aussi vague que pieux, du style «Je bénis tous les dictateurs» (ou tous les autistes, ou les pandas). De bénir en termes vagues tous les meurtriers a probablement bien moins de pouvoir de guérison que de bénir spécifiquement tel ou tel criminel présenté comme un monstre d'inhumanité dans votre journal local.

En ce qui me concerne, je trouve plus utile (et plus exigeant) quand je suis dans un bus par exemple de bénir les personnes présentes spécifiquement et individuellement (toujours en silence, cela va de soi) plutôt qu'en bloc et de façon un peu vague. Ainsi, si quelqu'un a l'air profondément misérable, bénissez-le dans sa joie, «car les sens matériels ne présentent que l'inverse de la splendeur et de la perfection ultimes que seul l'œil intérieur peut percevoir». Si une personne a l'air en colère, bénissez-la dans sa paix et sa capacité à pardonner. J'ai pris l'habitude de bénir les fumeurs dans leur contentement profond et leur satisfaction intérieure, parce que si au cours des années ils dépensent des dizaines de milliers de francs pour un petit cylindre de feuilles séchées écrasées contenant un poison mortel finement dilué, et qui limitera substantiellement leur espérance de vie, il doit bien y avoir, profondément enfoui, un sentiment de manque qui les pousse à perpétuer une habitude aussi autodestructrice. (Note pour les fumeurs qui désirent s'affranchir de cette habitude: bénissez-vous dans votre liberté, ainsi que les autres fumeurs que vous rencontrez).

Une de mes bénédictions préférées est de bénir les gens dans leur intégrité totale et leur union avec leur Source divine (à chacun d'utiliser le terme qui lui convient). Que peut-il y avoir de plus beau que l'intégrité, au sens étymologique de ce mot – ce qui est complet, sans failles, qui n'a pas subi d'altération de sa nature et de sa substance originelle, authentique, non adultéré ? Quant à l'unité ou l'union, quel plus merveilleux état de conscience peut-il exister qu'une union consciente avec le Principe d'amour qui constitue le soubassement de l'univers et de notre vie, qui EST notre vie?

Certains éprouveront une joie particulièrement profonde à bénir les gens dans leur bonheur. Car le bonheur, remarque Pascal, est finalement l'état auquel pratiquement tous les hommes aspirent. Comme l'écrit une auteure spirituelle nord-américaine, M.B. Eddy, «Le bonheur est spirituel, né de la Vérité et de l'Amour. Il n'est pas égoïste, par conséquent il ne peut exister seul mais demande que toute l'humanité y participe». [6] On ne peut être totalement heureux (ou parfaitement sain) que si les autres le sont également. La souffrance des enfants des rues, des drogués, des dizaines de millions de réfugiés de par le monde et tant d'autres malheurs, nous influencent tous profondément, même si c'est à un niveau subconscient, ***parce que quelque part, nous sommes tous UN.***

Quel extraordinaire encouragement sur le sentier spirituel de réaliser que chaque bénédiction désintéressée que nous envoyons dans le monde reviendra un jour pour nous bénir et, un jour, «jaillira comme autant de fleurs de joie dans les espaces arides de notre propre vie.» Mais une fois de plus, ce n'est pas pour cela qu'on bénit. On le fait simplement parce qu'il y a une joie immense dans la bénédiction, parce qu'il n'y a pas d'état de pensée plus heureux que celui qui repose dans une attitude de bénédiction et de gratitude perpétuelle.

Une autre raison pour laquelle une attitude de bénédiction est tellement importante est que notre subconscient perçoit souvent les pensées que nous avons les uns envers les autres. Ces pensées ont un impact direct sur la qualité de toute relation. Les journalistes qui lisent le journal télévisé du soir ont un écran sur lequel défilent les informations qu'ils ont l'air de réciter par cœur. Nous avons tous un écran invisible sur notre poitrine, dont les autres prennent connaissance sans même en être conscients. Si les gens savaient cela, ils seraient bien plus attentifs à surveiller leurs propres pensées!

Intuitivement, nous sommes d'ailleurs souvent conscients de ceci. Il vous est peut-être arrivé d'être en compagnie d'une personne qui ne disait absolument rien, et après de penser, «Ah, cette personne avait vraiment une merveilleuse (ou mauvaise) énergie». Ou de croiser quelqu'un dont le regard vous donnait un sentiment de paix, ou au contraire de malaise. C'est dû au fait qu'à un niveau profond, vous êtes conscient de ce qu'il ou elle ressent pour vous et les autres en général.

Bénir certaines personnes qui vous ont fait du mal, ou avec lesquelles vous avez des relations difficiles, est en général un exercice tout sauf facile! Une amie qui a relu ce manuscrit m'écrivait à ce sujet quelques commentaires fort pertinents que je trouve utile de partager.

«Je pense que celui ou celle qui n'a aucune expérience de développement personnel ou de recherche spirituelle peut se sentir démuni, voire coupable, s'il ne parvient pas à appliquer ces concepts dans sa propre vie. En effet, ce n'est vraiment pas facile de bénir son ennemi, j'en sais quelque chose. Je me souviens du jour où j'ai décidé de bénir Roger (un collègue de travail) parce que vraiment la situation était sans issue. De le bénir était au-dessus de mes capacités, il ne fallait quand même pas trop en demander!

Alors j'ai trouvé un moyen pour me permettre de dépasser ce blocage: je l'ai béni dans la persévérance qu'il mettait à m'apprendre les leçons que j'avais besoin d'apprendre. Et ça a marché! Cela m'a permis ensuite de le bénir, mais il me fallait une porte d'entrée accessible pour moi».

A l'instar de cette amie, explorez l'art de bénir. Il convient, je le répète, d'éviter tout ritualisme ou «clonage spirituel» pour utiliser l'expression pleine d'humour du rabbin Garai. Ce n'est pas un truc magique. Mais si vous persévérez, et laissez parler le langage du cœur, en vous pardonnant vos résistances, les fruits arriveront aussi sûrement que la floraison au printemps.

Voici un exercice qui pourrait vous aider. Dans le calme d'une pièce ou vous êtes seul(e), sans stress, ou dans un coin isolé de la campagne, imaginez la ou les personnes avec lesquelles vous avez le plus de difficultés dans la vie (il peut même s'agir de personnalités publiques comme des politiciens). Elles sont réunies ensemble dans une pièce avec la seule intention de *vous* bénir! Vous seriez certainement profondément ému(e), pour le moins. Alors si cela vous procurerait une immense joie d'être béni par ceux qui vous créent des problèmes, pourquoi ne pas être celui ou celle qui prend l'initiative de renverser les énergies négatives en commençant par les bénir? Au lieu de vous sentir victime d'une situation, vous vous sentirez soudainement responsable, actif, capable de prendre une initiative. Vous manifesterez votre maîtrise, au lieu de subir.

Nous avons tous en nous une «petite voix» intérieure prête à nous guider, si nous lui donnons le temps et l'espace de s'exprimer.[7)]

Alors si vous éprouvez des résistances à bénir quelqu'un, installez-vous dans un endroit tranquille, seul. Soyez sûrs que personne ne va vous déranger. Prenez le temps qu'il faut. Commencez par vous relaxer – en mettant une musique douce, en faisant quelques exercices de détente accompagnés d'inspirations et expirations profondes. Puis, dans le silence, demandez: que dois-je apprendre pour débloquer cette situation? Vous pouvez vous adresser au Divin, à votre sagesse ou votre guide intérieur, qu'importe. L'essentiel est le désir d'apprendre, de progresser. La réponse viendra au bon moment, peut-être de façon totalement inattendue, mais elle viendra. L'univers, la Providence vous aime infiniment et ***veut votre bonheur plus que toute autre chose.***

CHAPITRE V

La règle d'or

«En vous promenant, bénissez votre village ou votre cité, ceux qui la gouvernent et ses enseignants, ses infirmières et ses balayeurs, ses prêtres et ses prostituées. A l'instant même où quelqu'un exprime la moindre agressivité, colère ou manque de bonté à votre égard, répondez avec une bénédiction silencieuse: bénissez-les totalement, sincèrement, joyeusement, car de telles bénédictions sont un bouclier qui les protège de l'ignorance de leurs méfaits, et détourne la flèche qui vous est adressée.»

Si nous exprimions de l'agression ou un manque de gentillesse, de l'hostilité ou de la peur à l'égard de quelqu'un, ne préférerions-nous pas qu'il réagisse avec amour, pardon et confiance, plutôt que de nous répondre du tac au tac? La question est pour ainsi dire rhétorique, tellement la réponse est évidente.

Nombre de lecteurs connaissent certainement la Règle d'or, qui dit «Traitez les autres exactement comme vous voudriez qu'ils vous traitent – c'est là l'essence de toute vraie religion» (Matthieu 7:12). N'est-ce pas fascinant de réaliser que pratiquement toutes les grandes religions mondiales enseignent la même chose?

Ainsi la sunna islamique déclare: «Aucun de vous n'est un croyant s'il ne désire pas pour son frère ce qu'il désire pour lui-même». (La sunna veut dire la tradition).

Dans le Brahmanisme, la version orthodoxe de l'hindouisme, il est dit: «Ceci constitue la somme du devoir: ne faites pas aux autres ce qui vous ferait du tort à vous» (Mahabarata, 5, 1517).

Le Judaïsme quant à lui, déclare: «Ce que vous tenez pour détestable, ne le faites pas à votre voisin. C'est là toute la loi. Le reste n'est que commentaire» (Talmud, Sabbat, 31a).

Le Bouddhisme exprime cette règle de la façon suivante: «Ne fais rien aux autres qui te ferait mal à toi» (Udana-Varga, 5, 18).

Dans le Taoïsme, on trouve le conseil suivant: «Sache que ton voisin gagne ce que tu gagnes, et perd ce que tu perds» (T'ai Shang Kan Ying Pien).

Finalement, le Zoroastrisme (religion de la Perse et de l'Inde) enseigne «Cette nature est bonne qui s'empêche de faire aux autres ce qui ne serait pas bon pour elle» (Dadistan-i-dinik, 94,5).

La portée de cette règle va encore infiniment plus loin quand on l'applique non seulement à notre comportement mais à notre pensée – car la pensée est l'origine de toute parole et tout comportement: ***pensez aux autres comme vous voudriez qu'ils pensent à vous!*** Il ne peut y avoir de discipline spirituelle plus exigeante et plus stimulante et dont l'apprentissage demande plus d'efforts et de persévérance que celle-ci.

Bénir et aimer ceux qui nous agressent d'une façon quelconque, en parole ou en action, constitue une armure impénétrable et empêche que les flèches qui nous visent nous blessent intérieurement, même si nous sommes atteints physiquement. Car à partir de l'instant où nous sommes ceints avec l'amour que de telles bénédictions expriment, nous ne sommes plus à la merci de personnes, circonstances, forces ou événements extérieurs, car l'amour en nous devient la force indomptable.

Il y a quelques années, j'accompagnais Demba, un ami et leader paysan africain, à la gare de Genève, après un bref séjour chez nous. En arrivant près de la gare, j'ai aperçu un homme que j'avais vu trois semaines auparavant presque au même endroit. Rarement dans ma vie j'avais aperçu un visage aussi défait, complètement vide, avec des yeux dont le regard était vraiment indescriptible. Lors de cette première rencontre quelque temps auparavant, je l'avais spontanément béni en le croisant. Lors de la deuxième rencontre, je portais deux lourdes valises. Nos regards se sont croisés, l'espace d'une fraction de seconde. Au moment de nous croiser, à la stupéfaction totale de Demba, spectateur impuissant de la scène, il m'asséna un coup de poing en plein visage avec une telle violence que je suis tombé à même le trottoir. J'ai commencé à saigner abondamment du nez. L'homme partit en courant. Instantanément et sans un moment de réflexion, j'ai commencé à le bénir et encouragé Demba effondré de chagrin à faire de même. En l'espace d'une ou deux minutes, le saignement avait cessé. J'ai accompagné mon ami à son train. De retour à la maison, j'ai lavé mon visage. Au retour de ma femme quelques heures plus tard, même l'enflure importante de la lèvre avait disparu. Elle ne s'aperçut de rien.

Si j'avais couru après l'homme en question, sans parler de l'altercation déplaisante qui aurait certainement suivi, l'adrénaline pompée dans le sang par la colère aurait sérieusement aggravé l'hémorragie. Le calme total que j'ai ressenti, les pensées de compassion sincère à son égard, permirent une guérison anormalement rapide. *La vraie victime, dans cette situation, était cet homme qui avait agi avec violence, certainement sans même réaliser consciemment pourquoi il avait agi de la sorte.*

Je me suis évidemment interrogé, «Pourquoi ceci est-il arrivé ? Quelle était la leçon de vie à apprendre?» En racontant l'incident quelques semaines plus tard à Eileen Caddy, cofondatrice de la communauté de Findhorn en Ecosse, celle-ci me répondit instantanément: «Arrêtez de vous boxer» (en anglais: «stop punching yourself»). A l'époque, j'avais encore la fâcheuse habitude de me flageller mentalement pour ce que je considérais comme certaines faiblesses ou manquements. En d'autres termes, j'ai compris l'agression extérieure comme la manifestation (matérialisation) d'une agression intérieure envers moi-même!

J'ai ressenti cette expérience comme un don précieux de la vie. Ce fut d'abord une expérience de la grâce, car la force qui me fut donnée venait d'une source autre qu'un petit ego humain qui fait de gros efforts pour se contrôler. A la limite, j'avais presque l'impression d'être l'observateur de ce qui se passait. Cela m'a fait penser à un passage du commentaire de la Bhagavad Gîta par le maître indien Sri Aurobindo. Ce dernier décrit qu'à un certain niveau de compréhension, nous prenons conscience du fait que nous sommes en quelque sorte les spectateurs de l'action divine. Toute gloire pour tout ce que nous entreprenons revient au Principe d'harmonie que nous appelons Dieu. Nous sommes de simples témoins de la Vie en action:

«L'homme libéré... a abandonné tout attachement au fruit de ses actions; or quand on agit, non pour le fruit, mais uniquement comme instrument impersonnel du Maître des œuvres, le désir ne peut trouver place, pas même le désir de servir avec succès. Car le fruit est au Seigneur, est déterminé par lui et non par la volonté et l'effort personnels – pas davantage le désir de servir méritoirement et à la satisfaction du Maître. Car le réel auteur est le Seigneur lui-même, et toute gloire appartient à une forme de sa Shakti en mission dans la nature et non à la personnalité humaine limitée».[1] (Par Shakti il faut entendre la nature divine suprême).

Pratiquée dans cet esprit, où nous devenons les «instruments impersonnels du Maître des œuvres», l'art de bénir prend une toute autre dimension. Bénir, c'est devenir une musique silencieuse qui ponctue l'atmosphère de notre monde - que tant de contemporains ressentent comme angoissée et stressée - de notes de sérénité et de lumière. Ce qu'a exprimé de façon poétique l'écrivain Rabindranath Tagore, qui a écrit: «Que je fasse de ma vie une chose simple et droite comme une flûte de roseau que Tu puisses emplir de Ta musique».

Le récit le plus étonnant d'une application de la règle d'or que j'aie jamais lu est tiré du livre Return from Tomorrow d'un médecin américain de la dernière guerre, George Ritchie. [2] Le Dr Ritchie était avec les troupes américaines qui libérèrent les camps de concentration nazis en Allemagne où croupissaient les victimes de l'holocauste et d'autres.

Dans un camp près de Wuppertal, Ritchie raconte qu'il fit la connaissance d'un prisonnier du camp qui devait être là depuis très peu de temps, car il se tenait droit, avait des yeux brillants et rayonnait la santé. Parce qu'il parlait plusieurs langues, il devint une sorte de traducteur officieux, secondant les soldats américains qui devaient accomplir des tâches administratives nombreuses et complexes dans leurs efforts pour aider les prisonniers à repartir chez eux. Cet homme, que Ritchie et ses collègues appelaient «Wild Bill Cody» à cause de ses moustaches qui rappelaient celle du héros du Far West, était doué d'une énergie infatigable. Après des journées de travail de 15-16 heures, il ne montrait pas le moindre signe de fatigue, alors que Ritchie tombait d'épuisement.

Quand les papiers de «Wild Bill» arrivèrent sur son bureau, Ritchie fut stupéfait d'apprendre que cet homme était dans le camp depuis. 1939.

Avec les connaissances médicales de l'époque, cela semblait impossible qu'un homme ait survécu en excellente santé dans un environnement physique et mental si terrifiant.

Pourtant c'était un fait incontestable. Cet homme avait partagé les mêmes baraques infestées de vermine, mangé la même nourriture infecte qui avait réduit en quelques mois les autres occupants à l'état de loques humaines, et pourtant il rayonnait de vitalité et d'énergie. De plus, il était la seule personne dans le camp, où régnaient des inimitiés entre nationalités presque aussi intenses qu'envers les Allemands, avec laquelle tous s'entendaient.

Un jour, autour d'une tasse de thé, et alors que Ritchie parlait de la difficulté que les ex-prisonniers du camp pouvaient avoir à pardonner à leurs bourreaux nazis, Wild Bill raconta son étonnante histoire.

Il était avocat à Varsovie et habitait avec sa femme et ses cinq enfants dans le ghetto juif. Un jour, les soldats allemands arrivèrent dans leur quartier, alignèrent tout le monde contre un mur (sauf l'avocat, parce que ce dernier parlait allemand) et massacrèrent froidement les habitants à la mitrailleuse. *«J'ai dû décider sur le moment,»* raconta-t-il, *«si j'allais me permettre de haïr les soldats qui avaient fait ceci. En fait, ce fut une décision facile. J'étais avocat. Dans ma pratique, j'avais trop souvent vu ce que la haine pouvait faire aux esprits et aux corps des gens. La haine venait de tuer les six personnes qui m'étaient les plus précieuses au monde. J'ai décidé à ce moment que je passerais le reste de ma vie – que ce fût quelques jours ou de nombreuses années – à aimer chaque personne avec qui j'entrerais en contact».*[3)]

Ce qui entre autres étonne dans ce récit est que la décision de l'avocat ne fut pas prise sur une base «religieuse», au sens traditionnel étroit du mot, mais simplement sur la base de son expérience de la vie, et sa constatation que l'amour régénère et que la haine détruit celui-là même qui l'exprime*)

Aujourd'hui, grâce à la psycho-neuro-immunologie, (une spécialité médicale qui étudie les liens entre le système nerveux, l'esprit et les mécanismes immunitaires), il existe des preuves scientifiques que l'amour renforce les mécanismes auto-immunitaires du corps. L'ouvrage déjà cité du Dr. Bernie Siegel, L'amour, la médecine et les miracles, a vulgarisé cette découverte auprès d'un large public.

Pour revenir à la citation en exergue de ce chapitre, pourquoi vouloir protéger les gens contre «l'ignorance de leurs méfaits»? N'est-ce pas «juste» qu'ils souffrent, d'autant plus que la souffrance est souvent l'occasion d'un apprentissage salutaire?

Même si cela est parfois le cas, qui ne préférerait être transformé par la main de l'amour, dont de telles bénédictions sont la manifestation, que purifié par la souffrance? Ceux qui font le mal amassent une bien plus grande colère contre eux-mêmes que contre les autres. Ils se font du mal en se durcissant, et retardent simplement le jour où ils auront à transcender leurs pensées ou actions malveillantes. Personne sain d'esprit ne peut souhaiter le mal ou la souffrance pour autrui. Et si la Règle d'or peut nous

---

*) Les religions ont accompli une tâche très importante, indispensable à la survie, en codifiant certaines grandes lois fondamentales de l'univers. Or ces lois préexistent à la fondation des religions, et existeront toujours une fois que l'humanité aura dépassé le besoin d'organiser ses croyances de façon institutionnalisée. Et le jour où la vérité - c'est-à-dire la réalisation de la façon dont l'univers fonctionne et l'application de cette compréhension dans la vie quotidienne - remplacera le besoin de religions institutionalisées, cela représentera certainement une transition fondamentale et peut-être libératrice dans l'évolution des consciences.

permettre d'aider quelqu'un à éviter des souffrances, existe-t-il une personne qui voudrait ne pas user de cette merveilleuse liberté?

Mais, direz-vous, qu'en est-il de ceux qui planifient consciemment le mal? Pas l'alcoolique qui assassine quelqu'un au cours d'une crise dans laquelle il ne se contrôle pas, mais l'homme d'affaires qui utilise la corruption pour gagner des marchés ou le marchand d'armes qui s'enrichit avec les mines antipersonnelles pendant que le gouvernement de son pays feint l'aveuglement sur ce trafic?

Nous pouvons apprendre à les bénir dans leur intégrité (c'est-à-dire la qualité qu'ils auraient justement besoin de manifester et qui semble leur faire défaut), parce que le mal est parfois la plus haute idée que certains ont du bien – comme ces jeunes soldats que leur pays a entraînés à tuer pour «défendre la patrie». ***A chaque moment, chaque être humain est à son plus haut niveau de conscience.*** Même le marchand d'armes, le dictateur, le maquereau ou l'homme d'affaires malhonnête a une vision de l'univers qui lui fait croire qu'il peut tirer son épingle du jeu au dépens des autres. Car s'il avait une vision plus évoluée, il abandonnerait rapidement son comportement agressif. Pensez à votre propre vie: avez-vous déjà sciemment fait le mal en sachant que c'était un comportement destructif *pour vous-même* autant que pour les autres, tout en persévérant dans cette voie, malgré une conscience claire que c'était à long terme une voie sans issue?

Rien ne nous aide plus à nous abstenir de juger que cette réalisation que chacun est à chaque instant à son plus haut niveau de conscience. (Il va de soi par contre que l'on doit condamner avec la dernière énergie l'acte malhonnête en lui-même, selon le vieil adage théologique: condamner le péché, non le pécheur).

Quelque part, le mal est toujours le résultat de l'ignorance: ignorance des lois spirituelles qui gouvernent l'univers; ignorance que le chemin de l'amour inconditionnel, de l'obéissance à la Règle d'or est le chemin suprême vers le bonheur et la liberté pour tous; ignorance du fait que, tôt ou tard, le mal que nous commettons consciemment nous revient – et souvent avec des intérêts multipliés!

Un ami nous racontait que lors de la guerre du Golfe, lorsque les médias occidentaux se déchaînaient contre Saddam Hussein et le décrivaient quasiment comme l'incarnation du mal, sa première réaction fut de bénir Hussein *«parce qu'au fond du pire criminel se cache un fils ou une fille du Créateur qui s'ignore. Et comment serait-il même possible à Hussein de changer, avec le mur de haine dont nous l'avons entouré? Seul l'amour permet à une personne qui se sent en faute ou, au contraire qui est totalement persuadée du bien-fondé de sa position, de la modifier. Quand on est sur la défensive, il est très difficile de modifier son point de vue, car on ne pense qu'à la survie – que ce soit celle du petit ego ou d'un privilège matériel à défendre»*, ajoutait-il.

Une telle attitude est non seulement juste, elle est efficace! Elle transforme. Ceci est illustré par un récit frappant que nous avons découvert dans une revue qui traite de questions spirituelles. L'auteur, une femme, raconte qu'elle marchait dans la rue derrière deux hommes qui se suivaient de près. Le premier entra dans un magasin, et au moment d'entrer laissa, à son insu, tomber son portefeuille. Le second homme se précipita sur l'objet, en examina le contenu et... l'empocha, puis continua son chemin.

L'auteur du récit raconte qu'au lieu de condamner l'homme en question, elle affirma *silencieusement* l'intégrité spirituelle de l'homme créé à l'image de Dieu. Elle déclara, toujours en silence, «que les enfants de Dieu sont honnêtes et que le témoignage des sens n'est qu'un mensonge: l'enfant de Dieu ne peut agir que de manière correcte». (Par là il faut entendre que bien que ses yeux lui aient montré quelqu'un qui se comportait de façon malhonnête, elle affirma, malgré les apparences, que le fond de cet homme, son identité spirituelle authentique, restait relié au divin).

Sur ce, les choses se précipitèrent. L'homme qui était allé dans le magasin en ressortit précipitamment, cherchant partout son portefeuille. Au même moment, le premier homme qui était parti avec le portefeuille qu'il avait ramassé revint sur ses pas et tendit le portefeuille à son propriétaire en montrant du doigt la femme et disant: «Cette dame m'a dit que je devais vous le rendre». ***Or, la femme en question ne lui avait à aucun moment adressé la parole!***

Ecoutons les commentaires de cette femme sur la réalité qui se cachait derrière les apparences: «C'était sa propre réaction à la Vérité divine qui avait changé le cœur de cet homme. Il est important de ne pas entretenir de pensées négatives au sujet de son prochain. ... Aimer son prochain consiste à reconnaître la création parfaite de Dieu en chacun.»[4)]

Ce récit étonnant montre à quel point, derrière la façade des apparences matérielles, nous habitons un univers où le mental et le spirituel sont peut-être infiniment plus importants qu'on ne l'imagine, où les gens ressentent nos pensées les plus intimes et réagissent à elles, souvent sans le savoir. C'est une prise de conscience très puissante dont Jésus parle à plusieurs reprises, notamment quand il dénonce les pensées assassines (Matthieu 5:21-26). Cela renforce l'hypothèse que les autres sont capables de lire les pensées secrètes que nous portons, souvent à notre insu, comme inscrites sur un «écran» invisible.

Une métaphore permettra de mieux saisir l'idée d'une simultanéité de deux plans: un plan matériel où se produit souvent le mal, un plan spirituel où se manifeste une réalité toute différente. Beaucoup de lectrices et lecteurs ont certainement fait l'expérience de décoller en avion par mauvais temps. Sur la piste il pleut, et il y a peut-être en plus encore du brouillard. L'avion décolle, s'élève... et soudain on est au-dessus des nuages, dans un ciel d'un bleu impeccable et un soleil rayonnant. On a simplement changé d'altitude.

Il en est de même dans la vie quotidienne. Pour une personne, une situation donnée reflète l'image de la discorde totale, alors qu'une autre personne à côté d'elle aura une conscience totalement différente de la même situation. (Ceci est illustré par le récit du Rwanda au chapitre X). Comme l'a dit non sans humour Hubert Reeves, «La réalité a sa façon à elle de nous déborder de tous les côtés».

Quelqu'un ne peut être notre «ennemi» (ou un casse-pieds, ou tout autre adjectif peu flatteur) que si nous lui collons cette étiquette. ***A la limite, aucune personne, aucun événement extérieur ne peut nous faire de mal à moins que, quelque part, nous ne leur concédions ce pouvoir.*** Ceci est dû au fait qu'en fin de compte, toute la vie est interprétation ou définition: absolument tout ce qui nous arrive dans la vie doit passer par le filtre de notre conscience, de notre perception. Un événement «en soi» n'existe tout simplement pas: nous interprétons tous les événements, toutes les rencontres, toute perception sensorielle. D'une certaine façon, chacun de nous crée sa propre réalité, chaque jour, à chaque instant, par sa façon de percevoir et de définir les choses.

Une amie américaine me donna un autre exemple de la subjectivité fondamentale de toute expérience. Elle illustre comment une simple déclaration de la vérité, maintenue avec une conviction absolue, peut transformer une situation extrême et apparemment sans issue, tout en bénissant celui qui fut l'agresseur.

Une de ses connaissances, jeune, belle et blonde, décida de traverser Central Park à New York à minuit - et à pied. Nul individu dans son bon sens connaissant New York ne ferait une chose pareille. Même les policiers armés s'y transportent en général en voiture ou à cheval, et à deux. Mais la jeune femme avait cette foi aussi forte que simple qui transporte les montagnes, et surtout voyait en chacun un enfant du Créateur, quelles que fussent les apparences extérieures.

A un moment, «l'inévitable» se produisit. Au contour d'un chemin, un homme se précipita de derrière un buisson, la jeta violemment par terre et commença à déchirer ses vêtements avec des intentions assez évidentes. Plaquée sous son agresseur, la jeune femme le regarda avec aplomb et lui répéta plusieurs fois, clairement et calmement , «Tu es un fils de Dieu». Totalement interloqué et ahuri, l'homme en question partit en murmurant. On se demande ce qu'il a pu se dire!

Cette jeune femme n'avait peut-être jamais entendu parler de l'art de bénir. Mais de désarmer un violeur potentiel avec une simple affirmation de la vérité constitue certainement une des bénédictions les plus puissantes et efficaces dont j'ai jamais entendu parler.

L'amour inconditionnel serait-il le comportement *normal* et *rationnel* de ceux qui ont vraiment intégré l'idée que le soi et l'univers est (et non pas «sont») un? Si tout est expression infinie d'un Principe d'amour infini, comme certains textes de la littérature mystique de tous les temps le soulignent, il ne peut y avoir de séparation, nulle part.

Mais vivre cela est une autre paire de manches!

CHAPITRE VI

Le sens profond de l'acte de bénir

«Bénir signifie désirer et vouloir inconditionnellement, totalement et sans réserve aucune le bien illimité – pour les autres et les événements de la vie – en puisant aux sources les plus profondes et les plus intimes de votre être. Cela signifie révérer et considérer avec un émerveillement total ce qui est toujours un don du créateur – et cela quelles que soient les apparences. Celui qui est porté par votre bénédiction est mis de côté, consacré, entier. Bénir signifie invoquer la protection divine sur quelqu'un ou quelque chose, penser avec une reconnaissance profonde à elle et l'évoquer avec gratitude. Cela signifie encore appeler le bonheur sur quelqu'un – encore que nous ne soyons jamais la source de la bénédiction, mais simplement le témoin joyeux de l'abondance de la vie.»

Comme le souligne ce passage, bénir est plus une profonde attitude de révérence que des paroles, plus une aspiration entière et authentique du cœur qu'une formule répétée mécaniquement comme partie d'un rituel religieux. C'est pourtant ce que ce mot en est venu à incarner pour la plupart de nos contemporains. Trop souvent de tels rituels de bénédiction ont perdu tout leur sens, sont devenus purement formels, voire – oui – «athées» en étant répétés de façon purement mécanique. Comme me le dit un ami lorsque je rédigeais ce manuscrit, «Dans ma jeunesse, bénir était quelque chose réservé aux prêtres – je n'aurais jamais un instant pensé à bénir quelqu'un».

Heureusement il n'en est rien. L'étude des pratiques spirituelles de l'humanité montre que l'art de bénir est pratiqué par toutes sortes de personnes de tous les milieux, sans monopole aucun par le clergé. Aucune consécration spéciale n'est nécessaire, comme je l'ai souligné. Cela peut devenir quelque chose d'aussi naturel que de respirer ou marcher. Dans son sens le plus profond, «bénir» signifie comprendre et se réjouir que la personne (chose, être, etc.) que nous bénissons se tient dans un état de grâce, de liberté et d'innocence totales devant son créateur; et, comme le dit un psaume, que la coupe de cette personne déborde.

La bénédiction telle qu'elle est définie dans cet ouvrage peut être un outil puissant dans toutes sortes de situations d'urgence. Le jour avant de commencer la première rédaction de ce livre, je me promenais avec ma filleule bouddhiste le long du lac de Genève. Spirituellement, je me sentais mal en point depuis le matin. Nous avons rencontré une jeune femme qui se tenait à un buisson pour se maintenir debout, murmurant toute seule et dans un état de détresse évident. En plus d'être ivre, elle semblait souffrir d'une surdose de drogue quelconque. Nous lui avons demandé si nous pouvions l'aider, mais après une brève discussion, elle s'en alla abruptement en chancelant.

Ma filleule et moi nous sommes assis sur un banc et j'ai commencé à bénir cette jeune inconnue. Soudainement, sur ce quai bruyant, j'ai ressenti une certitude profonde, aussi claire qu'inébranlable, que sur un autre plan de l'être et de la conscience, coexistant simultanément avec le nôtre, cette jeune femme était totalement aimée par la vie, entourée, chérie, protégée et bénie. Tout de suite après, l'état de confusion spirituelle que je ressentais depuis le matin disparut.

Chacun peut avoir de telles expériences, que ce soit dans une rame de métro sale ou dans la magie d'un pâturage alpin. La co-fondatrice de la communauté éco-spirituelle de Findhorn, Eileen Caddy, raconte que le seul endroit où elle pouvait trouver le calme pour méditer et écouter Dieu pendant qu'elle vivait dans une petite caravane avec son mari, une amie et ses trois enfants était des toilettes publiques. *«Il n'y avait pas beaucoup de paix et de tranquillité (dans la caravane) et je fus guidée à aller méditer dans les toilettes publiques. Il y avait trois sections, et j'allais dans la troisième afin de ne pas déranger les gens. J'ai reçu les plus merveilleuses directives dans les toilettes publiques. Cela m'a appris que Dieu est en nous. Je rencontre beaucoup de mères qui me disent: oui, mais j'ai des enfants et je ne peux absolument pas trouver le temps de prier. Et je réponds: désolée, mais je n'accepte pas cela. Si vous avez suffisamment envie d'une chose, vous trouverez le temps pour cette activité, même si cela signifie se lever une heure plus tôt. Vous trouverez le moyen de le faire. Tout dépend de vos priorités, de ce qui passe en premier... Comme le disait Jésus: «Cherchez premièrement le Royaume de Dieu et sa justice, et tout le reste vous sera donné par-dessus». Quand vous donnez tout à Dieu, Il rend tout – et même bien plus – en retour.*[1)]

J'aime particulièrement ce récit, parce qu'il détruit complètement la pseudo-sainteté d'une spiritualité à la Sainte Nitouche exprimée par tout ce formalisme rattaché à un rituel religieux figé et une «maison de prière» (comme si la meilleure n'était pas la rue), toutes sortes de postures mentales et physiques, de rituels expiatoires, etc. Ou bien la spiritualité s'intègre aux actes quotidiens les plus simples, du jardinage aux rapports amoureux en passant par la vaisselle et le jogging, ***ou bien elle ne vaut pas la peine d'être mentionnée.*** Par-dessus tout, la spiritualité authentique est une façon ***d'être.***

Ram Dass, un penseur spirituel américain contemporain, raconte l'histoire suivante.[2] Un jeune Américain venait de suivre une formation en arts martiaux au Japon où il voyageait en métro. A un moment, un homme immense, complètement ivre, débraillé et hurlant à tue-tête, embarque dans la rame. Il frappe divers passagers dont une femme qu'il projette à plusieurs mètres. Notre jeune homme se sent soudain transformé en St. Georges. Pour la première fois, il trouve une justification à utiliser dans le vécu (et non seulement en salle) ce qu'il a appris pendant des années d'entraînement. Il allait défendre la veuve et l'orphelin, et donner une bonne raclée à cet ivrogne! Il allait lui apprendre une leçon – d'autant plus que ce dernier commençait à l'insulter.

Tout à coup, au moment où le géant s'apprête à entrer dans la bagarre, un petit vieux tout ratatiné, assis sur une banquette avec son épouse, pousse un cri perçant. L'ivrogne, étonné, se retourne. Le vieux lui fait signe de s'asseoir à côté de lui. Il commence à parler au géant – qui devait faire au moins deux fois son volume – de son amour pour le saké. Il a trouvé un point d'entente avec lui! Au bout de quelques instants, ils se parlent comme de vieux copains. L'ivrogne commence à pleurer. Toute agressivité a disparu. Il est comme un enfant.

Alors le jeune St.Georges, encore tout bardé de son armure mentale rutilante, jamais égratignée par la réalité, réalise que le vieux vient de lui donner une leçon extraordinaire dans les arts martiaux. Que le sommet de cet art, c'est de ne jamais s'en servir. Que la vraie victoire est celle que l'on gagne sur soi-même, que ce soit sur la peur, la colère ou la propre justice. Et la dernière scène qu'il aperçoit en quittant la rame du métro est celle de l'ivrogne, affalé sur les genoux du petit vieux qui lui caresse tendrement ses cheveux crasseux.

Ce vieillard «bénissait» son prochain sans prononcer autre chose que les paroles les plus banales. Il était allé au-delà des poteaux indicateurs, type «chemin de la spiritualité».

Il était simplement amour.

C'est la bénédiction suprême.

CHAPITRE VII

La loi de l'amour inconditionnel

«Bénir tout et tous, sans discrimination aucune, constitue la forme ultime du don, car ceux que vous bénissez ne sauront jamais d'où vient le rayon de soleil qui soudain perça les nuages de leur ciel, et vous serez rarement témoins de cette lumière dans leur vie...
...Il est impossible de bénir et de juger en même temps».

Depuis 18 ans, je passe chaque été dans un chalet des Alpes suisses, niché à plus de 2000 mètres, dans un hameau situé au milieu d'un extraordinaire parterre de fleurs alpestres.

Le don de soi caractéristique de la personne qui apprend à bénir sans cesse n'a pas de meilleure image que celle des fleurs qui partagent leur beauté et leur parfum. Ces fleurs, comme le petit torrent qui danse joyeusement à quelques mètres du chalet, m'ont appris nombre de leçons concernant l'art de bénir.

D'abord, ces fleurs donnent tout à fait librement. Que vous soyez millionnaire ou clochard, elles offrent leur beauté et leur parfum avec la même générosité. Le don qu'elles font d'elles-mêmes est également inconditionnel. Elles offriront leur tendre sourire au plus endurci des criminels exactement de la même façon qu'au plus grand saint. Sans doute parce que contrairement à nous, elles ne savent pas coller des étiquettes aux gens!

Leur don de soi ne connaît ni vacances ni jours fériés: qu'il tempête ou fasse beau, qu'il neige ou pleuve, elles sont fidèles au poste, donnant, donnant, donnant sans cesse. Ce partage est naturel et sans effort, simplement parce qu'il exprime l'essence même de leur être, qui est le don gratuit.

Avons-nous besoin de faire des efforts pour être français, malien ou australien, si nous sommes citoyen d'un de ces pays? Nous réveillons-nous le matin en pensant: «Ah, aujourd'hui, il faut que je fasse de grands efforts pour être français(e)!» ? Non, c'est la chose la plus naturelle au monde. Nous savons sans doute aucun que nous sommes citoyen ou citoyenne de tel ou tel pays. De la même façon, si nous comprenions que le fond de notre être le plus authentique est totalement amour, alors nous saurions aimer et bénir de la même façon que les fleurs donnent leur beauté – sans effort, le plus naturellement du monde. «L'amour qui m'a créé est ce que je suis» – peut-il y avoir de réalisation plus puissante et libératrice au monde?

Le don des fleurs est aussi non-violent. Les fleurs alpestres sont en général extraordinairement résistantes. Marchez-leur dessus, écrasez-les, et, après un instant d'étonnement, elles relèveront leur petite tête souriante, lisseront leurs pétales, comme pour dire, à l'instar de la camomille qui exhale d'autant plus son parfum qu'on l'écrase: «Mon parfum est gratuit. Je ne connais ni ressentiment, ni colère».

Alors pourquoi nous appauvrir nous-même en étant avare de bénédictions et en mesurant au compte-gouttes l'amour ainsi exprimé? Pourquoi retarder ce moment qui viendra certainement pour chacun de nous (que ce soit dans notre état de conscience ici-bas ou dans un état de conscience plus évolué, car c'est la loi même de l'univers) – à savoir développer une pensée qui reste en état de bénédiction permanente – c'est-à-dire de reconnaissance du divin en chacun? Pourquoi retarder notre propre bonheur? Pourquoi retarder notre propre entrée dans le royaume de la joie?

Plus nous bénissons inconditionnellement, moins nous jugeons. C'est une expérience intérieure étonnante. Nous laissons simplement les autres *être*. Et de toute façon, qui sommes-nous pour juger? «Ne juge pas ton prochain avant d'avoir marché deux lunes dans ses mocassins» dit un proverbe amérindien. Le Dr. Jampolsky ajoute: «Dans notre prochain, apprenons à voir la lumière plutôt que l'abat-jour.»

Qui peut marcher ne serait-ce que quelques minutes dans les mocassins du voisin? Puis-je vraiment adopter ses habitudes de pensée, les croyances qu'il nourrit à son propre égard, son hérédité, ses peurs et ses espoirs, le tissu complexe des circonstances de sa vie? Pour moi, ceci a été l'un des principaux bénéfices de l'apprentissage de l'art de bénir: voir mes trop fréquents jugements lentement se ratatiner, s'estomper – bien que j'aie encore un long chemin à parcourir avant d'arriver au non-jugement total!

Il y a quelques années, au cours d'un mariage, j'eus pendant quelques instants la perception de ce que serait un esprit totalement libre de tout jugement. Cette expérience fut précieuse entre toutes: cette libération, cette légèreté de l'esprit non englué dans les lourdeurs du jugement, quel état de grâce! L'expérience m'a laissé comme une profonde nostalgie. Depuis, il y a peu de choses que je désire plus intensément qu'un état d'esprit libéré de tout jugement. Et je m'imagine ce que les hindous appellent l'état de samadhi, ou les chrétiens le «royaume des cieux» (qui est aussi un état intérieur) comme un état de conscience entre autres libéré de tout jugement, l'acceptation de l'autre dans sa véritable essence.

L'écrivain britannique Neil Millar écrivit un jour un bref billet intitulé «Le non-jugement» où il se demandait: *«Ne jugez pas: qu'arrive-t-il à ceux qui prennent ceci au pied de la lettre? Ils se passent d'une série de plaisirs empoisonnés: arrogance, méchanceté, mépris. De telles personnes n'entretiennent pas cette dichotomie du «nous» opposé à «eux» (lui ou elle). Ceux qui se passent de la critique ne jettent pas de boue à la face de l'humanité. Ils n'écrivent pas de vilains petits graffiti sur les murs de la pensée. En retour ils reçoivent la clé de tout le drame humain. Peu de silences valent leur pesant d'or comme le leur».*[1)]

Après une vie d'observation attentive du comportement des gens de nombreux pays des cinq continents, je suis arrivé à la conclusion que ***l'esprit de jugement et ses formes dérivées*** (étiquetage gratuit, critique facile, la petite remarque aussi «anodine» que méchante qui déstabilise par surprise, et avant tout l'habitude de comparer les gens et leurs réalisations, la liste est presque infinie) ***représente le fléau social par excellence***. Le jugement entretient la peur dans tous les domaines, tue la spontanéité et la créativité, écrase la joie dans ses tenailles, nourrit la médisance et le qu'en-dira-t-on, érige les barrières et les murs, empoisonne les esprits et les cœurs, sème le doute.

Si jamais vous aviez l'occasion de vivre, ne serait-ce que quelques jours, dans une atmosphère totalement dénuée de tout esprit critique, dans un espace où les gens ne vous jugent pas et vous acceptent exactement tel que vous êtes, avec vos forces et vos faiblesses, ce serait une expérience à ne pas manquer: la créativité, la joie et la spontanéité explosent, les cœurs s'ouvrent, la confiance en soi s'affermit.

L'amour, surtout dans sa forme inconditionnelle, dont l'art de bénir n'est qu'une des mille et une expressions, constitue la loi et la force la plus fondamentale de la vie. Dans *Faucon Hurlant*, Aigle Volant dit à son ami Patton : *«L'amour est engagement... l'amour est un engagement profond, non pas de l'esprit mais du cœur. On ne peut aimer avec l'esprit. On aime avec son cœur, mais on ne ressent pas les choses avec son cœur. L'amour se trouve à un niveau plus profond que les sentiments. On ne peut pas toujours l'atteindre avec les sentiments. Ce phénomène a engendré beaucoup de confusion dans ton peuple. Les gens de ton peuple pensent qu'ils doivent absolument ressentir quelque chose lorsqu'ils rencontrent l'amour. Parfois c'est le cas. Parfois non. Ton peuple ne comprend pas que l'amour est une dimension, comme le temps ou l'espace. Mais c'est ainsi. L'amour est ce qu'il est. Il sous-tend toute création. La création est issue de cette dimension. La création exprime l'amour, mais elle n'est pas en elle-même l'amour; elle est l'amour en action...*[2)]

Nombre de grands enseignements spirituels se retrouvent dans la primauté de l'amour. Rappelons la parole de Jésus: «Celui qui fait la vérité vient à la lumière», certainement une des affirmations les plus étonnantes jamais prononcées à propos de la vérité – surtout pour des esprits occidentaux si habitués à l'intellectualiser. Et il semble bien que pour Jésus, faire la vérité consistait avant tout à vivre l'amour: soulager la misère, guérir la maladie, montrer la voie de la plénitude de vie.

L'amour est la seule chose dans l'univers qui soit en même temps sa propre cause, son propre moyen et sa propre fin. Pour comprendre ceci, le plus simple est de penser à l'amour d'une mère pour son bébé. Elle s'occupe de lui *par* amour (= amour comme cause), elle le fait *avec* un amour et une tendresse infinie (= amour comme moyen), et cela sans finalité aucune en dehors de l'amour (= amour comme fin). ***L'amour n'a besoin d'aucune justification: il est simplement.***

Il n'existe pas de pensées neutres. Chaque pensée représente une certaine qualité d'énergie. Chacune de nos pensées peut contribuer à la transformation de la planète. A une époque où tant de gens se sentent totalement impuissants face à l'évolution du monde, n'est-ce pas là une prise de conscience étonnante? «Nul ne commit de plus grande erreur que celui qui ne fit rien en prétextant qu'il ne pouvait faire qu'un petit peu» dit le philosophe irlandais Edmund Burke. ***Chacun de nous, par la qualité de ses pensées, peut commencer à devenir un agent de transformation de notre monde.***

Et la voie de l'amour est la voie suprême, comme le soulignait Dostoïevski:

> J'ai vu la vérité,
> Ce n'est pas comme si je l'avais inventée avec mon esprit,
> Je l'ai vue, JE L'AI VUE,
> Et sa vivante image a rempli mon âme
> A tout jamais...
> En un jour,
> Une heure,
> Tout pourrait s'arranger
> IMMEDIATEMENT.
> La principale chose est d'aimer!

CHAPITRE VIII

La loi de l'harmonie universelle

«Quand, dans votre journée, quelque événement inattendu vous bouleverse autant que vos plans, éclatez en bénédictions, car la vie est en train de vous apprendre une leçon, même si sa coupe peut vous sembler amère. Car cet événement que vous pensez être si indésirable, vous l'avez en fait suscité, afin d'apprendre la leçon qui vous échapperait si vous hésitiez à le bénir».

Un autre prémisse de cet ouvrage est qu'il existe une loi d'harmonie fondamentale qui gouverne tous les êtres, loi qui reflète le Principe d'amour qui gouverne l'univers. Cette loi opère pour guider et ajuster toutes choses pour notre bien. (Une condition déjà mentionnée est que pour faire l'expérience de ce Principe, nous devons vivre selon les lois spirituelles de l'univers).

De plus en plus, la littérature sur le développement personnel et spirituel souligne que la vie, l'univers, est un laboratoire pédagogique (ou une école): nous sommes ici pour faire l'apprentissage des lois spirituelles de l'univers, et à mesure que nous vivons notre vie en fonction de ces lois, cette dernière exprime plus de plénitude, d'harmonie, de joie, de paix et de contentement.

Par définition, une loi universelle est quelque chose qui s'applique à toutes les situations et circonstances, et ce dans tous les endroits, pour tous. Aussi n'existe-t-il ***aucune*** situation, personne, circonstance que cette loi d'amour infini ne puisse atteindre ou gérer, ***aucune*** personne qui soit trop mauvaise ou insignifiante pour être soutenue et guidée par son influence en même temps ferme et tendre.

S'il en est ainsi – et c'est la vision de certains des grands enseignements spirituels de l'humanité – alors chaque défi, chaque difficulté, chaque épreuve, contient en elle un don secret, une bénédiction cachée qui peut contribuer à notre croissance vers plus de plénitude, même celle qui peut paraître totalement destructrice. (Que l'on repense à l'avocat juif du ghetto de Varsovie, p.64). L'apôtre Paul exprimait cette vérité universelle quand il disait dans ses termes à lui: «Toutes choses concourent au bien de ceux qui aiment Dieu» (qui s'efforcent de vivre en fonction de la loi d'amour, puisque Dieu est amour pour Paul). (Romains 8:28).

Suggérer que nous suscitons certains événements de la vie afin d'apprendre des leçons précises peut paraître au premier abord fort provoquant. Mais n'avez-vous jamais remarqué dans votre entourage des gens avec des problèmes à répétition? Telle amie qui se retrouve toujours avec des compagnons violents, voire alcooliques? Telle personne qui a toujours le même type d'accident, ou qui perd sans arrêt son parapluie ou ses clés? Qui a toujours des supérieurs avec lesquels elle s'entend mal? Ou au contraire, quelqu'un à qui tout réussit? C'est comme si quelque part nous nous «autoprogrammions» pour nous mettre dans des situations où nous allons être obligés d'apprendre certaines leçons.

Cette idée peut être perçue comme merveilleusement libératrice si on accepte l'idée d'une loi d'harmonie fondamentale qui dirige l'univers.

Un ami m'a raconté comment une grande souffrance de son enfance, qui semblait totalement inutile et négative, fut transformée en quelque chose de positif. Il avait été élevé dans un milieu religieux et une famille où la sexualité était un sujet quasi tabou. C'était quelque chose de «mauvais», un péché à réprimer – aux antipodes de l'expérience tendre, profondément poétique et exaltante qu'elle peut aussi être. Aussi réprimait-il ses pulsions adolescentes par des bains froids, en se flagellant, se couchant nu sur le sol dur. Il s'ensuivit toutes sortes de troubles psychosomatiques. Ce n'est que bien des années plus tard, grâce à ses propres efforts de développement personnel et spirituel, qu'il put trouver son propre équilibre dans ce domaine.

Plus tard, dans sa carrière, il s'occupa d'éducation sexuelle auprès d'adolescents d'un pays musulman où il rencontra certaines attitudes répressives et puritaines étonnamment proches de celles qu'il avait connues dans son enfance. Il entra en contact avec des jeunes absolument désespérés, qui menaçaient parfois de se suicider, tant leurs problèmes sexuels les accablaient. «Souvent, ce n'est qu'à cause de la souffrance à travers laquelle j'avais moi-même passé dans ce domaine que je pus aider certains d'entre eux,» disait-il. «Cela a approfondi mon écoute et m'a donné une compassion que je n'aurais certainement jamais ressentie si j'avais eu une adolescence "normale" dans ce domaine». Et de me citer la phrase étonnante du prophète juif Joël qui écrivait: «Je te redonnerai les années que la sauterelle a mangées» (Joël 2:25). En d'autres termes, ***nous pouvons transformer notre passé en transformant notre état de conscience à son sujet.*** Dans le cas de cet ami, ce qui semblait totalement négatif est devenu une pierre blanche sur son chemin de vie.

Nous pouvons toujours recommencer. Même si nous avons échoué 1000 fois, nous pouvons réussir la 1001ème. Des spécialistes de la Bible ont calculé que le paralytique de Béthesda, que Jésus guérit instantanément de sa paralysie de 38 ans, s'était efforcé d'atteindre la piscine supposée miraculeuse plus de ... 14'000 fois! [1)]

Pouvez-vous vous imaginer les attentes d'échec autoprogrammées dont souffrait certainement cet homme (qui en même temps devait garder une mince lueur d'espoir au fond de lui-même)? L'Amour inlassable nous offre les mêmes chances, aujourd'hui, aussi abattus ou découragés que nous soyons, que ce soit avec nous-mêmes ou les autres.

L'ami sus-mentionné a bien sûr depuis longtemps pardonné à ceux qui lui ont enseigné les vues très limitées de la sexualité qui n'étaient que les projections de leurs propres peurs intérieures. Et ceux qui traversent la vie avec un poids de ressentiment pour quelque action passée trouveront qu'en bénissant ceux qui ont été à l'origine de leur souffrance, ils se libéreront totalement de cette dernière. C'est une loi spirituelle.

Un ami astrophysicien, qui a beaucoup réfléchi au phénomène du temps, insiste sur le fait que nous n'avons pas de passé «objectif». Notre seule vision du passé, ce sont les pensées subjectives à son sujet que nous entretenons aujourd'hui, explique-t-il. Nous choisissons en quelque sorte à chaque instant de recréer notre passé dans le présent. Autrement dit, *nous pouvons choisir le passé que nous désirons entretenir... et avoir.* En ressassant les éléments négatifs du passé, en repassant l'enregistrement de ces événements des dizaines, voire des centaines de fois, nous lui donnons un poids grandissant dans le présent. Nous rendons aussi la guérison et le pardon plus difficiles. Mais, par la bénédiction, nous pouvons à tout moment renverser la vapeur, et nous recréer un «autre» passé. C'est pour cela que tant de grands enseignements spirituels insistent sur l'importance qu'il y a à pardonner et à vivre dans l'instant présent – ce que le ressentiment, les rancunes, le regret rendent impossibles.

Je voudrais vous suggérer ici un exercice que je fais depuis des années dans mes ateliers de développement personnel. Après une discussion approfondie sur le passé, le lâcher prise et le pardon, les participants reçoivent chacun un sac à ordures plastique, puis vont chercher une grosse pierre (voire plusieurs pierres) représentant quelque chose dans leur passé qu'ils veulent laisser aller – un ressentiment ou une rancune profonde, un remords, un regret. Dans l'atelier, nous appelons cela la «bande des quatre» (quatre fois «r» – allusion aux quatre acolytes chinois de Mao-tse-toung).

Puis chacun part dans la nature, le sac sur l'épaule, pendant une vingtaine de minutes. Comme en général nous faisons l'exercice à la montagne, les chemins sont escarpés. La consigne est très simple: réaliser que c'est nous qui tenons le sac, non le sac qui s'accroche à nous! Et qu'à n'importe quel moment, la personne concernée peut déposer le ou les pierres. A une seule exception, depuis que je fais faire cet exercice, tous les participants ont toujours déposé leur(s) pierre(s). Certains participants ont connu des moment de libération très forts, très intenses en réalisant qu'ils avaient le choix de continuer à traîner un passé pesant – ou de le laisser au bord de la route. (La personne qui a gardé sa très lourde pierre la première fois a refait le même atelier trois ans plus tard... et a pu à ce moment la déposer. Il faut, comme on dit, laisser du temps au temps – en d'autres termes laisser à la conscience le temps de s'éveiller).

Pourquoi ne pas faire ce même exercice, seul dans la nature? C'est quelque chose de très puissant. De préférence, choisissez un terrain accidenté où vous devez grimper. Essayez. Cela ne coûte rien.

Pourquoi porter le poids intitulé «passé» sur le chemin montant de la découverte spirituelle? On pourrait dire en quelque sorte qu'au niveau spirituel notre seul passé est notre unité présente avec l'amour divin. Et par nos croyances et nos attitudes, nous créons notre avenir aussi sûrement que nous entretenons (ou abandonnons) le passé. C'est pour cela que s'attendre au bien et bénir chaque journée au réveil est une des plus importantes règles pour vivre, car l'énergie positive créée par nos bénédictions ne peut qu'attirer le bien. (De la même façon, l'énergie négative créée par la peur attire souvent la chose que nous craignons).

Certains lecteurs protesteront en disant: c'est très joli de dire à des lecteurs occidentaux privilégiés qu'il existe une loi d'harmonie universelle. Mais qu'en est-il quand des populations entières vivent dans des conditions de pauvreté épouvantables? Ne sont-elles pas victimes de conditions entièrement en dehors de leur sphère d'influence? *Pouvez-vous parler d'épreuves qui sont des bénédictions à une personne qui souffre de la faim?*

Ce sont là des questions difficiles qu'un livre sur la spiritualité ne peut éluder, surtout s'il soutient qu'il existe des lois spirituelles universelles – donc applicables partout, à tout moment, quelles que soient les circonstances.

Pourtant, certaines personnes ou certains groupements souffrant de la faim ont choisi de voir les épreuves comme des bénédictions cachées! Et quand ils réalisent qu'ils n'ont pas besoin de se voir comme des victimes, des choses étonnantes se passent.

Il y a une dizaine d'années, j'ai entrepris un voyage de 14'000km à travers plus de 100 villages d'Afrique tropicale, parlant avec 1300 paysannes et paysans de ce qu'ils ou elles faisaient pour s'aider, en vue d'écrire un livre sur les mouvements paysans de la base, *Une Afrique en marche.*[2)]

Parlant des immenses défis qu'ils avaient surmontés dans les années récentes, un leader paysan du Sénégal me disait: «Le malheur pousse à l'innovation. C'est à cause même des difficultés que les initiatives paysannes sont nées. Ces difficultés ont même été une bonne chose, car sans elles nous dormirions encore dans les bras de la dépendance». Dans la région de Dogani-Béré au pays dogon, une région du Mali extrêmement éprouvée par la faim dans les années 80, dans un village où la majorité des familles ne mangeaient qu'un repas par jour, un chef de village nommé Dondo Péliaba me parlait d'une nouvelle technique anti-érosive consistant à construire de petites diguettes de pierre à travers les champs pour empêcher l'érosion. A un moment, il s'exclama: «Quand il y avait l'abondance, chacun labourait pour soi. La sécheresse nous a mené à construire des diguettes dans nos champs. Nous avons découvert des plantes qui poussent plus rapidement. Avant, nous ne cultivions pas le haricot. Maintenant, c'est devenu une de nos principales cultures vivrières. *La faim est devenue un maître qui nous a appris à inventer, à réfléchir».*

Quand Dondo Péliaba dit que la faim est devenue un maître, il dit avec d'autres mots que la vie est une école, l'univers un laboratoire pédagogique, qu'il n'y a aucune souffrance gratuite ***pour celui ou celle qui veut progresser.***

Un autre exemple encore plus frappant est celui d'une organisation paysanne unique en Afrique, le Comité de lutte pour la fin de la faim, COLUFIFA (créé au milieu des années 80 en Casamance, au Sud du Sénégal). Une disette grave frappa cette région qui fut pendant longtemps la plus riche et la plus productive du pays sur le plan agricole. A l'initiative d'un leader paysan de la région, Demba Mansaré, les paysans se réunirent pour analyser la situation. Après des débats passionnés, et au lieu de condamner, comme ils le faisaient automatiquement dans le passé, le colonialisme, le gouvernement, le climat ou la fatalité, ils se sont posé la question: qu'avons-*nous* fait (ou pas fait) pour qu'une telle situation se développe? Où avons-*nous* échoué?

Ils ont alors élaboré une stratégie d'autosuffisance alimentaire, et pendant plusieurs années ils ont travaillé plus dur que n'importe quel groupe de paysans que j'aie rencontré pendant ce périple. (A l'époque, ils ne recevaient pas un centime d'aide extérieure). Ils appelaient d'ailleurs l'aide «la troisième main»: si elle arrive, elle est bienvenue, mais sinon, on se débrouille sans elle. Et leur slogan était le proverbe sénégalais: le manque de moyens est déjà un moyen.[3)]

Une des caractéristiques les plus frappantes de cette organisation villageoise est que chacune de leurs séances de travail commençait par des prières et se terminait par des bénédictions. Imaginez la scène: voici certains des habitants les plus pauvres de la planète (qui sont aussi des musulmans très croyants), faisant face à des problèmes angoissants, et qui prennent le temps à chaque rencontre de bénir leur Créateur pour sa bonté à leur égard!

Les partisans d'une vision plus matérialiste de l'histoire soutiennent que de défendre l'idée d'une loi d'harmonie universelle est tout simplement ridicule ou indécrottablement naïf. Voyez, disent-ils, la condition dramatique actuelle du monde, avec ses 35'000 personnes qui meurent de faim par jour, ses millions d'enfants qui se prostituent pour survivre, les pandémies de sida et autres, le 1,3 milliard de personnes qui survivent avec un dollar par jour, etc. A ceux-là, je répondrai en citant Gary Zukav, auteur de ce livre de vulgarisation merveilleux sur la physique moderne, *La danse des éléments: «L'importance de la notion d'absurde peut difficilement être exagérée. Plus nous faisons l'expérience d'une chose comme absurde, plus en réalité nous nous heurtons aux frontières auto-imposées de nos propres structures cognitives. Ce qui est «absurde» est simplement constitué par ce qui n'entre pas dans les schémas subjectifs pré-arrangés que nous imposons à la réalité. Il n'y a en soi rien d'absurde, si ce n'est un intellect qui juge qu'il en est ainsi»* .[4)]

La deuxième réponse que l'on peut donner à la vision matérialiste concerne notre ignorance fondamentale de la façon dont fonctionne l'univers, et plus encore notre ignorance fondamentale de ce qu'est la réalité ultime, la «vraie réalité.» Demandez à un bon scientifique quel pourcentage de la totalité du savoir dans l'univers (qu'on peut appeler l'omniscience – la connaissance de toutes choses) ses propres connaissances représentent. Il vous regardera avec humour ou ironie, et citera sans doute un chiffre comme 0,000....0001. Même la totalité du savoir scientifique accumulé à ce jour (qui ne représente qu'une partie de la connaissance humaine) ne représente toujours qu'un chiffre proche du premier: 0,00...001 pour cent.

Face à cette étendue de notre ignorance, l'absurde n'est-ce pas de prétendre a priori qu'une loi d'harmonie n'existe pas, plutôt que de postuler l'hypothèse de l'existence d'une telle loi comme fondement de l'action (par exemple sous forme de l'art de bénir), et voir, de façon très pragmatique, ce qui peut se produire quand on adopte une telle démarche?

Le sociologue suédois Gunnar Myrdal écrivait: *«Les faits ne s'organisent pas d'eux-mêmes en concepts et en théories, simplement en les regardant. En effet, en dehors du cadre de concepts et de théories, il n'existe pas de faits scientifiques, seulement le chaos. Il y a un a priori fondamental dans tout travail scientifique. Il faut poser des questions avant de donner des réponses. Ces questions sont l'expression de notre intérêt pour le monde. Elles représentent au fond des jugements de valeur».* [5)]

Et si nous avions posé la fausse question?

Et si les sens, au lieu de nous livrer la clé de la vraie réalité, la cachaient – comme certains grands enseignements de la sagesse humaine l'affirment depuis la nuit des temps? Le fait que nombre de scientifiques refusent même d'envisager cette éventualité constitue pourtant une attitude fort peu...scientifique! «Malheur à l'homme qui au moins une fois dans sa vie n'a pas tout remis en question», disait Pascal. On aimerait que certains s'en souviennent plus souvent. «Il y a un rêve qui nous rêve» disait une fois un Bushman à l'écrivain sud-africain Laurens van der Post. Et si ce rêve était la matière? Et si l'existence matérielle elle-même n'était qu'un grand rêve? C'est cette question que nous allons aborder maintenant.

CHAPITRE IX

Derrière le voile des apparences

«Bénir signifie reconnaître une beauté omniprésente cachée aux yeux matériels. C'est activer la loi universelle de l'attraction qui, du fond de l'univers, amènera dans votre vie exactement ce dont vous avez besoin dans le moment présent pour grandir, progresser, et remplir la coupe de votre joie.

Qui a jamais vu l'amour? Sans doute bien des scientifiques croient ils en l'existence de quelque chose qui s'appelle l'amour. (Et je tiens à préciser que j'ai une formation scientifique et que j'ai une grande confiance dans la *méthode* scientifique en tant que telle). Mais qui a jamais perçu la substance de ce qui fait courir l'humanité depuis des millénaires? Qui a jamais mesuré, pesé, disséqué l'amour ? Qui l'a introduit dans un ordinateur, vérifié sa fiabilité dans un laboratoire, lui a décerné un brevet de qualité ou un certificat d'origine authentifié? Qui a jamais décrit sa structure chimique ou moléculaire? Qui a analysé son temps de réaction à divers stimuli, en maintenant constantes certaines variables clés? Qui a fait des prédictions statistiquement significatives concernant sa réaction dans des conditions données de stress, ou mesuré sur une courbe son développement?

Pourquoi ne peut-on produire une analyse spectrographique de l'amour ou le passer au scanner? Quel laboratoire a pu fournir une mesure au carbone 14 de l'époque à laquelle il est apparu pour la première fois dans la chaîne de l'évolution? Son apparition est-elle antérieure à celle des microbes ou des premiers êtres monocellulaires? Pouvez-vous situer la capacité de résistance de l'amour sur une courbe de Gauss? A-t-on jamais pu acheter l'amour vrai? Mesurer ses performances à la bourse? L'introduire comme valeur sûre dans un portefeuille ou des fonds d'investissement ?

Qui a jamais pu mettre de l'amour de côté dans un coffre-fort? L'échanger sur le marché des obligations ou des actions?

Peut-on le vendre, lui faire de la publicité, en décrire la valeur financière dans des revues de management? Et quel taux d'intérêt lui fixeriez-vous?

L'amour est-il moins réel parce que vous ne pouvez le classer, calculer, cataloguer, ficher, stocker, mesurer, peser, résumer, enregistrer ou breveter?

Quand vous êtes tombé amoureux ou amoureuse pour la première fois, où était l'amour? Dans le ventricule droit de votre cœur? Ou dans telle ou telle zone de votre cerveau? Dans le courant électrique à fleur de peau ou dans le frémissement au bout de votre langue quand vous avez donné votre premier baiser derrière le grand chêne de la Promenade des amoureux? Ou se cachait-il dans votre poche?

Qui a jamais palpé l'amour d'une mère qui veille toute une nuit sur son enfant fiévreux? Qui a jamais photographié l'amour d'un père qui voit soudain entrer sur scène, tel un rayon de lune, sa fille dans son premier ballet?

Et pourtant qui, à part quelques promeneurs confus ou dogmatiques dans le désert du matérialisme extrême, dirait que l'amour n'existe pas? Ou le réduirait à quelques stimuli chimiques? Mais si l'amour existe, le vrai - pas le désir si instable ou le narcissisme si fragile mais l'amour fort, inchangeant - où existe-t-il? Quelle est sa substance? Comment mieux l'exprimer?

Peut-être est-il temps de changer de lunettes...

L'endocrinologue américain Deepak Chopra, un scientifique étonnant, raconte une expérience faite à Harvard. On a élevé plusieurs nichées de jeunes chatons dans deux chambres différentes: l'une était peinte en rayures noires et blanches horizontales, l'autre en rayures identiques verticales. Puis, jeunes adultes, on les a lâchés dans la nature. Les chats élevés dans la chambre avec des rayures horizontales se heurtaient à tous les objets verticaux qu'ils ne distinguaient simplement pas, parce que leurs structures neuronales avaient été programmées à ne voir qu'un monde horizontal.

Quelque part, nous sommes tous comme ces jeunes chats. Nous avons été élevés à voir une réalité uniquement filtrée par les sens. De plus, ce que nous laissent voir les sens est interprété par la culture: on voit ce qu'on a été élevé à voir.

L'écrivain Norman Cousins raconte que lorsque Ferdinand Magellan arriva en Terre de Feu, ce qui le surprit le plus, lui et son équipage, était que les indigènes n'avaient pas vu les caravelles arriver dans le port, bien qu'elles fussent parfaitement visibles. Il réalisa que rien dans l'expérience culturelle passée des Indiens del Fuego ne les avait préparés à l'idée d'immenses objets flottants comme les bateaux de Magellan, vu qu'ils étaient uniquement habitués à de petits canoës. Les canoës représentaient LA réalité, et bloquaient totalement leur imagination, donc leur vision. Il libéra leur vision en les aidant à réaliser que les caravelles faisaient des vagues, projetaient de l'ombre, etc. 1)

Dans leur livre sur les bases de la méthode scientifique, Martin et Inge Goldstein racontent ce qui se passa lorsqu'on réussit à donner la vue pour la première fois à des personnes nées aveugles avec une cataracte (une maladie de l'œil), grâce à une nouvelle technique d'opération de la cornée. Une fois l'opération réussie, les patients ne voyaient que des taches indistinctes de couleur. Ils étaient incapables de reconnaître le moindre objet, bien que leurs yeux, physiquement, «voyaient». Ce n'est qu'après une longue période d'apprentissage qu'ils apprenaient à voir «normalement». Et les auteurs de conclure, «Il est évident que la vision – le sens qui nous met, pensons-nous, le plus directement en contact avec la réalité – est apprise plutôt qu'innée. ***«Nous voyons avec notre esprit, non pas avec nos yeux, et nous sommes soumis à tous les préjugés et erreurs de perception produits par l'éducation qui nous apprend à voir».*** [2]

En d'autres termes, nous sommes programmés par nos sens et surtout nos préjugés à voir uniquement ce que notre culture, notre milieu, notre idéologie, notre éducation (qu'elle soit scientifique ou théologique) – en d'autres termes nos croyances – nous permettent de voir. Nous sommes tous des Indiens del Fuego qui s'ignorent! Notre interprétation de la réalité par les sens ne peut pas nous livrer la clé de cette dernière, parce qu'une infinité de micro-informations sensorielles ne permet pas de reconstituer ou de comprendre le tout. Deepak Chopra va même jusqu'à dire que la sensation et la substance du monde qui nous entoure «sont une forme d'hypnotisme socialement programmée, une fiction commode de laquelle nous sommes tous captifs». [3] Venant d'un scientifique, de tels propos laissent rêveur.

Or des recherches et des informations parues depuis le début du siècle (pour la physique des particules) ou les années cinquante (médecine psychosomatique entre autres) montrent que nous habitons un univers avant tout énergétique. Dans de nombreux domaines, des voix scientifiques remettent en question les prémisses matérialistes de notre vision du monde. De la physique des particules à la sagesse millénaire des visionnaires, prophètes et shamans de toute sorte, des recherches de la médecine psychosomatique ou holistique aux expériences «hors corps» faites par un nombre croissant de personnes, sans parler de la littérature sur la «vie après la vie» (personnes décédées médicalement qui sont revenues à la vie après des expériences étonnantes) – toutes ces voix et tant d'autres encore font prendre conscience de ceci: les idées, l'énergie et les pensées constituent peut-être la trame ultime de l'univers. Ce que le philosophe anglais Bertrand Russell appelait la «matière omnipotente» se révèle de plus en plus comme une manifestation plutôt instable, vacillante et transitoire.

Je définirais la vraie substance comme *quelque chose qui est permanent, intangible, qui ne peut se détériorer ou s'altérer.* Alors si la matière n'est pas la vraie substance, cette dernière serait-elle constituée des idées? Plutôt que les rois et les banquiers, les tanks et les technologies, les vrais acteurs de l'histoire ne seraient-ils pas les idées et les pensées... et peut-être même les bénédictions? Et si cette «autre réalité» non matérielle était aussi proche de nous que notre conscience?

En 1969 fut créée à l'université d'Oxford en Angleterre une unité de recherche sur l'expérience religieuse. Rien d'extraordinaire à cela si ce n'est que son fondateur était un zoologue de réputation internationale, Sir Alister Hardy, qui décida d'étendre son horizon de recherche au-delà des crocodiles et des koalas. Le premier livre de cette unité de recherche, intitulé *The Spiritual Nature of Man* (La nature spirituelle de l'homme,) décrit une vaste gamme d'expériences ayant trait à une autre réalité que la «normalité» quotidienne de la plupart des gens, expériences qui semblent prouver l'existence d'états de conscience différents, états qui transforment littéralement et fondamentalement notre perception des choses. C'est ce que les mystiques décrivent depuis des millénaires, mais de le voir confirmé par des scientifiques ouvre de nouvelles perspectives. Il est particulièrement intéressant de réaliser combien de personnes tout à fait ordinaires, «normales», ont des expériences de cette sorte.

Typique de ce genre d'expériences est celle d'un jeune étudiant voyageant en train en Angleterre. Il était dans un compartiment de troisième classe, en compagnie de personnes modestes, quand soudain tout l'espace fut envahi d'une brillante lumière et il ressentit une joie indescriptible: *«Je me sentis participant à un état ayant un sens extraordinaire et qui avait une finalité triomphante. Jamais je ne me suis senti plus humble, et jamais je n'ai ressenti une plus grande exaltation. Un sentiment en même temps curieux et débordant me remplit d'extase. Je sentis que tout était bien pour l'humanité – oh, combien les mots sont inadéquats! Tous les êtres humains étaient des êtres lumineux et glorieux qui en fin de compte hériteraient d'une joie incroyable. Une beauté, une musique, une joie, un amour sans mesures et une gloire indescriptible. Ils hériteraient de tout cela. C'était leur héritage même».*[4)]

La littérature mystique mondiale est pleine de passages de la même veine, qui décrivent une autre réalité, un «univers parallèle» d'une perfection et d'une harmonie qui défient toute expression verbale courante. Le livre *Cosmic Consciousness* publié au tournant de ce siècle par Richard M. Burke, un aliéniste canadien réputé (les aliénistes sont les ancêtres des psychiatres modernes), un grand classique du genre, contient de nombreuses exemples de cette perception soudainement changée parce qu'une personne a pu échapper, pour des moments allant de quelques heures à quelques semaines, à la programmation culturelle de la perception que nous subissons tous, sans exception, à longueur de journée. Burke entreprit une étude détaillée de ce type de transformation de la perception, tant dans la littérature que dans sa pratique médicale.

Ecoutons une mère de famille qui décrit son expérience. Ce texte est intéressant, d'abord parce qu'il explique bien la perception de l'unité fondamentale de toutes choses, et insiste sur le fait que la trame ultime de l'univers est bonne et harmonieuse (ceci est une caractéristique fréquente de ce type d'expérience) et aussi parce que le texte fut écrit par une personne qui se disait agnostique.

Parlant de la façon dont l'expérience démarra, elle écrit: *«Cela semblait si simple et naturel (malgré la dimension d'émerveillement) que je menais mes activités comme d'habitude. La lumière et la couleur brillaient, l'atmosphère autour de moi et en moi semblait vibrer. La paix, le repos, la joie parfaite étaient partout. Plus étonnant était le sentiment d'une présence sereine et magnétique qui était partout... Je voyais et je comprenais le sens sublime des choses, dont les raisons jusqu'alors avaient été cachées et obscures. La grande vérité que la vie est une évolution spirituelle, que la vie n'est qu'une phase passagère de la progression de l'âme, fondit sur moi avec une grandeur infinie. Je me dis: mais si c'est ça, l'aboutissement de tout, alors la douleur même est sublime! Bienvenue à des siècles, une éternité de souffrance même, si cela nous mène à ceci. Et la splendeur continuait encore à progresser. Présentement ce qui semblait être un véritable et rapide raz-de-marée de splendeur et de gloire ineffable descendit sur moi. Je me sentis enveloppée, avalée...*

Puis vint une période de ravissement si intense que l'univers même semblait s'être arrêté, comme émerveillé par la majesté indescriptible du spectacle! L'univers infini entièrement un! Le Tout-aimant, unique et parfait! La sagesse, la vérité, l'amour, la pureté parfaite! Et avec le ravissement vint la vision. Dans ce même moment qu'on peut appeler béatitude suprême vint l'illumination. Je vis avec une vision intérieure intense que les atomes et molécules dont l'univers semble être composé – je ne sais s'ils étaient de nature matérielle ou spirituelle – se réarrangeaient, au fur et à mesure que le cosmos (dans la pérennité de sa vie éternelle) passait d'un état d'ordre à un autre.

Quelle joie quand je vis qu'il n'y avait pas d'interruption dans la chaîne – rien n'était laissé de côté. Tout était à sa place, au bon moment. Les mondes, les systèmes, le tout uni dans une totalité harmonieuse. La vie universelle synonyme de l'amour universel.

Combien de temps dura cette période, je ne saurais le dire – cela semblait une éternité, mais c'eût pu être quelques instants. Puis vint la détente, les larmes de bonheur... J'étais saine et sauve, j'étais sur la grande route, la route ascendante sur laquelle l'humanité avait marché avec des pieds ensanglantés... Le matin je me réveillai avec un léger mal de tête mais un sens spirituel si fort que les objets matériels qui m'entouraient me semblaient comme des ombres, irréels même. Mon point de vue avait totalement changé. Les choses anciennes étaient passées et tout était devenu nouveau. L'idéal était devenu vrai, et l'ancien vrai avait perdu sa réalité d'avant et était devenu comme une ombre... Chaque désir intense du cœur était satisfait, chaque question avait reçu sa réponse ... J'aimais infiniment et j'étais infiniment aimée! La marée universelle m'enveloppa dans des vagues de joie et de bonheur, se déversant sur moi comme des torrents de baume parfumé.

Ce doux et éternel sourire sur la face de la nature! Il n'y a rien dans l'univers qui puisse lui être comparé – un tel repos, une si douce absence de soucis – qui nous dit avec l'amour le plus tendre: Tout est bien, l'a toujours été et le sera pour toujours. C'était le bonheur et le ravissement de l'amour, tellement intensifié qu'il devint un océan de lumière vivante et palpitante dont la lumière brillait encore plus fortement que celle du soleil. Son rayonnement, sa chaleur, sa tendresse emplissaient l'univers entier. Cet océan infini était l'amour éternel, l'âme de la nature, et le tout constituant un sourire sans fin...

De toute cette expérience est née une confiance inébranlable: profondément enfoui dans l'âme, en dessous de la douleur et de toutes les distractions de la vie se trouve un immense et vaste silence – un océan infini de calme, que rien ne peut déranger; la paix infinie de la nature, qui «dépasse toute compréhension».

Ce que nous cherchons avec un désir si intense, par ici et là-bas, en haut et à l'extérieur, nous le trouvons en nous. 'Le royaume en nous'. 'Dieu en nous' sont des mots dont nous ne sonderons jamais le sens sublime».

Vers la fin de la description de son expérience, cette femme écrit, *«Nous pensons que nous voyons, mais nous sommes vraiment aveugles – si seulement nous pouvions voir!»* [5].

Ce thème d'une harmonie spirituelle infinie derrière la façade discordante et grinçante des apparences matérielles est un thème fréquent de la littérature qu'à défaut d'un autre terme nous appelons «mystique». Une des phrases que Julian of Norwich, une mystique anglaise du 14e siècle, se plaisait le plus à répéter était, «All shall be well, and all shall be well, and all manner of things shall be well». (Tout sera bien, tout sera bien, et toutes choses seront bien»).[6]

Et si le monde matériel était vraiment une apparence – un «rêve qui nous rêve» pour reprendre l'image déjà citée d'un Bushman?

Selon l'école de physique de Copenhague, fondée par le physicien danois Niels Bohr, un des pères de la physique quantique, il n'existe pas de monde «réel» (objectif, indépendant de l'observateur) en dehors de nous. Le physicien David Merman exprimait ceci de façon humoristique quand il disait: «Nous savons parfaitement que la lune n'est pas là quand personne ne la regarde». Tous les physiciens sont loin d'accepter cette interprétation du monde, mais elle est suffisamment répandue pour mériter qu'on lui accorde une certaine considération.

Puisque tout ce que nous voyons est filtré et interprété par notre conscience, le monde peut-il vraiment exister en dehors de notre perception des choses? Peut-être l'intuition la plus importante que nous puissions avoir concernant notre perception du monde est que ***tout est conscience.*** Nous «créons» notre réalité par la perception que nous avons de la réalité, comme le démontra la jeune femme agressée dans Central Park la nuit.

Des visionnaires, poètes et mystiques de tous les temps et tous les lieux maintiennent qu'il existe «une beauté omniprésente cachée aux yeux matériels» . ***A mesure que nous apprenons à bénir malgré les apparences,*** nous deviendrons lentement conscients de cette autre réalité, car nous voyons avec notre pensée avant de voir avec nos yeux.

Bénir est une façon de s'ouvrir à la vie. En bénissant notre journée, dès le lever, nous nous ouvrons à recevoir exactement ce qu'il nous faut, et qui sera amené dans notre vie par la loi d'attraction qui attire à nous exactement ce dont nous avons besoin pour progresser à ce moment précis de notre existence.

Un exemple vécu est fourni par un Suédois, Tord, qui raconta à une réunion internationale sur l'approche spirituelle de la vie comment il avait trouvé la guérison de maux graves uniquement en bénissant les autres, et cela à longueur de journée. La personne en question appartient à la Science chrétienne, un mouvement qui pratique la guérison spirituelle depuis plus d'un siècle avec une efficacité étonnante.

Tord raconte d'abord comment l'étude de cette science spirituelle a transformé sa vie «*d'un grand enfer à un grand ciel... J'étais fort obèse, et je voyais très mal. De plus, à cause de troubles psychiatriques récurrents, j'avais fait de nombreux séjours en clinique. Il y a quinze ans, quand je devais obtenir* *mon permis de conduire, on a découvert que j'avais vraiment mauvaise vue. Cela me fit contacter une praticienne*) dans ma ville natale. Je lui demandai ce que je devrais faire».*

La praticienne expliqua à Tord que s'il comprenait, à un niveau .profond, que la vraie vision est spirituelle, et que l'amour divin maintenait sa vision en parfait état, il pourrait se passer de lunettes. Elle lui dit aussi d'être aimant avec tous, et lui promit de prier pour lui.

*«Alors je commençai à bénir les gens. Chaque fois que je rencontrais quelqu'un, je pensais «Dieu vous bénisse». Je faisais cela du matin au soir. Après avoir pratiqué ceci pendant trois mois, soudain, un jour, pendant un bref instant, je vis les noms des bateaux sur la mer, ce qui ne m'était jamais arrivé auparavant. Ceci m'encouragea énormément. Je bénissais les gens encore plus qu'avant, et je commençai à aider les dames à traverser la chaussée... Deux semaines plus tard, j'étais chez moi, en train de lire le livre d'étude de la Science chrétienne, quand soudain une lumière très vive remplit totalement mon esprit. C'était le Christ**) qui venait à moi. Cela dura dix minutes, puis s'arrêta. Deux mois plus tard, cette lumière commença de plus en plus à remplir mon esprit. Je suis certain que plus rien ne peut l'arrêter. Je suis devenu une personne très harmonieuse. Mon obésité a totalement disparu. Ma vision normale a été restaurée et toute trace de maladie mentale a disparu. Parfois, j'ai l'impression d'être la personne la plus heureuse au monde. Je suis certain que petit à petit cette lumière spirituelle remplira*

---

*) Une personne qui pratique la guérison spirituelle selon l'enseignement de la Science chrétienne, c'est-à-dire en utilisant une approche purement spirituelle

**) Pour cet enseignement, le terme «Christ» signifie la vérité, la vie et l'amour divins actifs dans notre vie. Ce n'est pas tant une personne qu'une force, une présence. C'est une définition également partagée par des spiritualités non chrétiennes.

chacun sur cette Terre d'amour et de sainteté... Jésus nous a dit 'Le Royaume des cieux est proche'. En fait, il est en nous». [7)]

C'est un exemple de plus démontrant la puissance de la bénédiction perpétuelle, et comment l'application consacrée de cet art amena une régénération complète à une personne qui était très malade tant mentalement que physiquement.

CHAPITRE X

Inversez les apparences.

Quand vous passez devant une prison, bénissez ses habitants dans leur innocence et leur liberté, leur bonté, la pureté de leur essence et leur pardon inconditionnel. Car on ne peut qu'être prisonnier de l'image qu'on a de soi-même, et un homme libre peut marcher sans chaînes dans la cour d'une prison, tout comme les citoyens d'un pays libre peuvent être prisonniers quand la peur se tapit dans leur pensée. Quand vous passez devant un hôpital, bénissez ses patients dans la plénitude de leur santé, car même dans leur souffrance et leur maladie, cette plénitude attend simplement d'être découverte. Et quand vous voyez une personne en pleurs ou apparemment brisée par la vie, bénissez-la dans sa vitalité et sa joie: car les sens matériels ne présentent que l'inverse de la splendeur et de la perfection ultimes que seul l'œil intérieur peut percevoir.

Affirmer la réalité du bien là même où le contraire semble être présent, affirmer l'innocence et la santé là où semblent régner la corruption et la maladie, n'est pas jouer à l'autruche. C'est basé sur le fait que même une compréhension relativement modeste de la perfection sous-jacente de l'univers peut se manifester dans des vies transformées et guéries.

«Un vieux récit indien raconte qu'il y eut un temps où tous les hommes étaient des dieux. Mais ils abusèrent tellement de leur divinité que Brahma, le maître des dieux, décida de leur ôter le pouvoir divin et de le cacher à un endroit où il leur serait impossible de le retrouver. Le grand problème était donc de lui trouver une cachette.

Lorsque les dieux mineurs furent convoqués à un conseil pour résoudre ce problème, ils proposèrent ceci: «Enterrons la divinité de l'homme dans la terre». Mais Brahma répondit «Non, cela ne suffit pas, car l'homme creusera et la trouvera».

Alors les dieux répliquèrent: «Dans ce cas, jetons la divinité dans le plus profond des océans». Mais Brahma répondit de nouveau: «Non, car tôt ou tard l'homme explorera les profondeurs de tous les océans, et il est certain qu'un jour il la trouvera et la remontera à la surface».

Sur ce, les dieux mineurs conclurent: «Nous ne savons pas où le cacher car il ne semble pas exister sur terre ou dans la mer d'endroit que l'homme ne puisse atteindre un jour».

Alors Brahma dit: «Voici ce que nous ferons de la divinité de l'homme: nous la cacherons au plus profond de lui-même, car c'est le seul endroit où il ne pensera jamais à chercher».

Depuis ce temps-là, conclut la légende, l'homme a fait le tour de la terre, il a exploré, escaladé, plongé et creusé à la recherche de quelque chose qui se trouve en lui». [1)]

Au fond du criminel le plus endurci, du tyran le plus cruel, réside une beauté cachée infinie – dont il est souvent le premier à ignorer la présence. Le récit suivant illustre cette affirmation par un cas concret. Le narrateur est un officier anglais de la deuxième guerre mondiale qui dirigeait un centre disciplinaire pour soldats et marins rebelles. Un jour, le centre reçoit une «forte tête», un récidiviste de la désertion condamné par le conseil de guerre. *«Il ne mit pas longtemps à s'en prendre à toutes les formes de l'autorité; il détruisit tout dans sa cellule, y compris la fenêtre et la lampe; il mit sa tenue militaire en pièces et taillada ses bottines; puis, il essaya de frapper le personnel chaque fois qu'il en avait l'occasion et se refusa à coopérer le moins du monde. C'était un être asocial, rebelle à toutes les formes de discipline. Il fut puni selon le règlement, mais sans résultat».*

L'officier en question raconte ensuite comment tant le psychiatre que l'aumônier et l'instituteur de la prison, sans parler de lui-même, tentèrent de le raisonner, mais en vain. Toutes les méthodes humaines ayant échoué, le directeur du centre décida de tenter une approche spirituelle, et pria trois heures d'affilée pour lui. Mais reprenons son récit: *«Mû par le sentiment d'obéir à la puissance de l'Esprit, mais sans savoir très bien pourquoi, je me sentis poussé à retourner à la prison. Peu avant minuit, j'ordonnai au gardien de m'ouvrir la cellule, puis je l'envoyai faire sa ronde. En entrant, je vis le prisonnier toujours allongé par terre, immobile. Je me dirigeai vers lui dans la pénombre et restai debout à ses côtés. Alors me vint la pensée: voici ici même l'enfant de Dieu. Je m'accrochai de mon mieux à cette idée pendant une quinzaine de minutes, ni lui ni moi n'ouvrant la bouche. Ensuite je rappelai le gardien et lui ordonnai de laisser le prisonnier quitter sa cellule pour se laver et se changer, de lui rendre son lit et de l'enfermer à nouveau».* [2)]

Le lendemain, le détenu était profondément transformé. Il se montra «amical et soumis aux règlements». Puis il passa en jugement pour des blessures occasionnées auparavant à un camarade, et fut condamné à deux ans de réclusion dans une prison civile. L'officier reçut plus tard une lettre où le détenu en question remerciait le personnel de son ancienne prison pour tout ce qu'on avait fait pour lui. Un homme arrivé bouillonnant de colère et de haine s'était transformé en un homme nouveau, parce que quelqu'un avait affirmé et maintenu spirituellement et avec une totale conviction la perfection cachée en lui.

Mais le cas le plus étonnant que je connaisse est celui de ce praticien de la guérison spirituelle du Rwanda qui, uniquement par la force de l'Esprit, par la compréhension de la nature spirituelle de l'homme (malgré des apparences vraiment contraires) et une conviction inébranlable en la supériorité de la loi spirituelle sur tout obstacle matériel, arriva à désarmer une bande entrée de nuit chez lui pour le massacrer lui et toute sa famille. Ecoutons le narrateur de ce récit qui se passe en 1994.

«Un soir vers 2 h du matin, en pleine guerre civile, une bande armée entra chez moi. Quand je me suis réveillé pour voir ce qui se passait, je me trouvai nez à nez avec eux dans le corridor. Ils étaient armés de fusils et de baïonnettes, moi de Vérité et d'Amour. Comme ils me montraient leurs armes pour me menacer, une première pensée me vint comme un éclair et détruisit toute crainte qui tentait d'envahir ma pensée. L'Amour et la Vie sont indestructibles et permanents. Je suis l'idée de la Vie, Dieu, indestructible dans la Vie, permanent dans l'être! Il n'y a qu'une seule et unique Vie, Dieu, invisible, non deux ou plusieurs vies. Cette Vie qui est infinie est la vie des soi-disant tueurs, ma vie et celle de ma famille». Pendant plusieurs heures, cet homme continuera à travailler avec des affirmations basées sur sa conviction indéracinable qu'il existe des lois spirituelles qui permettent de faire face à toute situation quelle qu'elle soit, et à la résoudre harmonieusement par la force de la vérité.

A plusieurs occasions, il y eut des instants où le désastre semblait imminent. Ainsi, à un moment, comme une des filles commençait à pleurer, le chef de la bande donna l'ordre de la tuer. Sans même dire quoi que ce soit à haute voix, le praticien a tout de suite affirmé que l'homme qui avait reçu l'ordre de la tuer était l'enfant parfait de l'Amour divin. *«La loi de l'Amour est présente ici, contrôle cette situation et gouverne tout un chacun.»* Immédiatement, l'homme qui avait déjà élevé sa baïonnette pour tuer la fille interrompit son geste.

Mais reprenons son récit. *«Chaque instant de cette épreuve était précieux pour moi. Je ne me permettais aucune distraction mentale pour voir le problème sur le plan matériel. Je maintenais sans cesse ma pensée uniquement dans la vraie réalité spirituelle... Après environ trente minutes de travail (spirituel), ces hommes devinrent très calmes, comme s'ils sentaient l'amour que nous reflétions. Aussitôt, quittant notre chambre, leur chef les appela au salon. J'eus alors le temps d'affirmer plus profondément les vérités absolues sur l'homme parfait que Dieu créa.* *)*... Au plus profond de moi-même, j'étais convaincu que ni cette circonstance, ni cette menace de mort, rien ne pourrait me séparer, moi, ma femme, mes enfants et le monde entier de l'Amour divin. J'ai réalisé que l'Amour est la seule mentalité de l'homme, l'unique conscience véritable. L'Amour étant omnipotent, tout ce qui lui est dissemblable est sans pouvoir, sans capacité d'agir, ni de nuire. La conscience divine étant infinie, et tout, il n'existait donc dans l'univers divin aucune conscience pouvant manifester des dispositions contraires à l'Amour.* **)

De retour dans notre chambre, ces hommes étaient transformés. Ils étaient devenus de nouvelles personnes, leur langage avait totalement changé. Ils étaient désarmés et amicaux. Ils

---

*) Le narrateur se réfère notamment au chapitre 1 de la Genèse où il est dit que Dieu créa l'homme et la femme à Son image, donc parfaits.

**) Le narrateur parle bien de l'univers divin, et non du monde des apparences matérielles, qui est celui qui avait envahi sa maison. Nous revenons ici à l'idée que tout est conscience. Au niveau de la conscience des circonstances matérielles révélée par les sens, c'était apparemment l'enfer pour lui et les siens. A un autre niveau, celui de sa conscience spirituelle supérieure, c'était le règne de l'amour *ont commencé à nous faire des confessions sur les crimes qu'ils avaient commis. Ils sont restés chez nous pendant deux heures, et personne n'a été touché, tout le monde était sain et sauf. Après quoi, ils partirent. L'Amour avait triomphé».* [3)]

Ce récit est stupéfiant. Pourtant, Jésus disait qu'en son «nom» (c'est-à-dire par la loi de l'amour spirituel inconditionnel qu'il vécut) ses disciples feraient des «miracles» plus grands que les siens. Sommes-nous prêts à relever le défi ?[*)] Et quelle plus grande bénédiction peut-on offrir que de tenir à la nature spirituelle profonde d'une personne avec une telle fermeté et une telle conviction qu'on l'aide par là à se libérer de ses propres chaînes, quelles qu'elles soient?

---

*) En utilisant ce terme, Jésus faisait une concession à la mentalité de son temps, qui ne concevait pas la notion de loi scientifique au sens moderne. Mais il semble difficile d'imaginer que Jésus n'avait pas conscience des lois spirituelles rigoureuses qui gouvernaient la réalité, tant ses guérisons ont été systématiques et de tout ordre, sans parler de sa maîtrise étonnante sur la matière. La notion de miracle telle qu'elle a été utilisée dans nombre de grandes religions me semble trop souvent avoir été une façon de manipuler la crédulité des gens et de renforcer leur superstition, plutôt que de développer leur compréhension et leur liberté d'esprit. Un univers où un miracle dépend du bon vouloir aléatoire, arbitraire ou insondable d'une déité lointaine reste bien imprévisible pour le croyant moyen. Une déité qui s'écarterait des lois qu'elle aurait elle-même créées resterait insaisissable et incompréhensible.

CHAPITRE XI

N'oubliez surtout pas le post-scriptum

P.S. Et par-dessus tout, n'oubliez pas
de bénir cette personne merveilleuse,
totalement belle dans sa vraie nature,
et si digne d'amour que vous êtes.

Chère amie, cher ami - vous est-il jamais arrivé de réfléchir combien vous êtes une personne unique et merveilleuse? De songer combien vous êtes chéri(e) de l'univers, de la Providence? Avez-vous jamais pensé au fait que la Réalité que nous appelons, par convention ou par éducation, «Dieu», passe son temps à vous bénir et à se réjouir de votre existence? Dans les mots d'un visionnaire appelé Sophonie: «L'Eternel, ton Dieu, est au milieu de toi comme un héros qui sauve; il fera de toi sa plus grande joie; il gardera le silence dans son amour; il aura pour toi des transports d'allégresse» (Sophonie 3:17)

Avez-vous jamais pensé à votre Créateur/Créatrice comme ayant pour vous des transports d'allégresse? Avez-vous jamais réalisé ce que signifie le fait que le Principe d'harmonie et d'amour infini qui dirige cette symphonie stupéfiante qui s'appelle l'univers se préoccupe directement de votre bonheur et ne vous lâchera jamais avant que vous ne l'ayez atteint? Que sa responsabilité est engagée par le simple fait que vous existez – et qu'elle/il remplira cette responsabilité jusqu'au bout?*)

Alors n'oubliez pas de vous bénir vous-même! Rappelez-vous que, quelle que soit l'image que vous puissiez entretenir de vous-même, il existe, au fond de votre être, un espace d'une beauté infinie, de repos et de pardon total, inconditionnel, un espace de bonté sans limite et de calme indéracinable, de joie qui danse et de vie qui joue, de vision sans limites et d'abondance infinie. Et cet espace constitue votre identité profonde, votre Etre véritable. Nous sommes des enfants de la lumière et nous le resterons toujours, quelle que soit l'obscurité que nous avons traversé dans la vie, ou que nous ressentons peut-être en ce moment même.

Alors bénissez cette personne merveilleuse que vous êtes dans votre vraie nature (et qui est peut-être fort différente de l'apparence extérieure, du masque que la plupart d'entre nous porte). Vous ne pouvez vraiment aimer votre prochain tant que vous n'avez pas appris à vous aimer vous-même, et se bénir soi-même est un des sentiers privilégiés de cet apprentissage.

Pendant de nombreuses années, chaque fois que je commettais une erreur, une maladresse ou faisais une bêtise (casser un plat, oublier quelque chose d'important, etc.)

---

*) Il est évident que la Divinité, quelle que soit sa forme ultime, est au-delà de toute représentation sexuée. Il est temps que l'on abandonne progressivement des millénaires de théologie conçue par des penseurs jusqu'à très récemment à 99% de sexe masculin, et que l'on parle de la Divinité au féminin autant qu'au masculin. Cela adoucira en même temps l'image qu'on se fait d'elle, et le pardon prendra progressivement plus de place que la punition (conçue souvent pour maintenir les gens en place par la peur, comme si l'Amour infini pouvait punir!).

je me «maudissais» en me traitant moi-même d'imbécile, de maladroit, de crétin, etc., *jusqu'au jour où j'ai réalisé que cette attitude d'autocondamnation ne faisait que renforcer les vieux programmes subconscients.* Alors un jour, j'ai tout simplement inversé le processus, et commencé à me bénir. Maintenant, si je commets une maladresse, casse quelque chose, je me bénis dans mon adresse et ma dextérité; si j'oublie quelque chose, je me bénis dans ma parfaite mémoire; si je me fâche, je me bénis dans mon calme, etc. Et parce que je me condamne moins moi-même, je condamne aussi moins les autres!

Arnaud Desjardins, fondateur de l'ashram de Hauteville en France, a écrit un article avec le titre superbe «La vie nous aime, absolument, à chaque instant», où il souligne qu'***au fond de nous-mêmes, nous sommes déjà ce que nous aspirons à devenir, à être.*** Seule une fausse vision de nous-même (et des autres, bien sûr) nous empêche d'en prendre conscience. Desjardins souligne que trop souvent nous n'avons pas été acceptés totalement comme enfant, car pour répondre aux souhaits de nos parents (qui projetaient sur nous l'image de ce qu'ils voulaient que nous devenions) nous aurions dû être autrement que ce que nous étions spontanément. Ceci a créé en nous une division et ce jugement négatif que nous portons trop souvent sur nous-même (parfois inconsciemment). *«Il y a en nous une étonnante demande – étonnante du point de vue de la sagesse et de notre vrai bien, mais très compréhensible du point de vue de la psychologie – une demande d'être autre que nous ne sommes. Parce que nous nous sommes demandé, parce qu'on nous a demandé, comme enfant, d'être autre que nous étions: un refus de notre vérité. Et c'est l'impasse».*

Arnaud Desjardins mentionne qu'il est arrivé à la conclusion que le message le plus important qu'il puisse partager aujourd'hui est *«que la vie nous aime absolument. C'est elle qui nous a créés et qui nous anime. Nous sommes une expression de cette vie surabondante. Dieu nous aime inconditionnellement. Si une éducation religieuse un peu sévère m'a convaincu que, ici et maintenant, dans mon péché, Dieu ne peut m'aimer, c'est l'erreur majeure. Dieu nous aime, la Réalité nous aime, la Vie qui nous anime nous aime».* [1)]

Se bénir soi-même constitue un outil précieux pour apprendre à s'accepter et s'aimer. Mettez-vous dans une position confortable, tout en restant parfaitement alerte, en vous assurant que vous ne serez pas dérangé et que vous avez assez de temps devant vous. Puis réfléchissez combien la vie vous aime, qu'il existe une force d'amour infinie qui vous dirige et vous aime inconditionnellement au point d'avoir pour vous des «transports d'allégresse». Tâchez de le sentir au niveau du cœur plus qu'au niveau de l'esprit – ceci est tout sauf une démarche intellectuelle! Puis commencez à vous bénir – dans votre parfaite santé et votre bonté, dans votre capacité à pardonner et aimer inconditionnellement – bref, dans tous les domaines où vous voulez faire des progrès. Pour commencer, prenez cinq à dix minutes pour le faire chaque jour, à tête reposée, et vous en récolterez des fruits merveilleux, non seulement à l'égard de vous-même, mais également dans vos rapports avec les autres.

Un amour intelligent de soi, un respect authentique de soi sont un des besoins les plus pressants de nos sociétés aujourd'hui. Il est fort difficile de bénir les autres du fond du cœur si nous ne nous aimons pas et ne nous bénissons pas en premier lieu – car comment donner aux autres ce que l'on se refuse à soi-même? Il nous faut accepter à un niveau profond la personne merveilleuse, belle, infiniment digne d'amour que nous sommes.

Chacun de nous a la même valeur que tous les êtres sur cette planète. Chacun de nous est absolument unique dans le temps, l'espace et l'éternité. L'Amour infini qui régit l'univers ***a besoin de vous*** pour être complet, parfait, infini

– car un Infini auquel il manquerait ne serait-ce qu'une parcelle, un atome, ne serait ni infini, ni parfait.

Laissez cette vérité prendre lentement racine en vous: «Je suis absolument unique. Le Principe d'amour qui dirige l'univers (Rama, Allah, Dieu...) me chérit totalement. Je suis à ses yeux infiniment précieuse/précieux. Et même si je ne le ressens pas encore, je suis totalement un avec Elle, cette Source infinie de bonté illimitée». Pourquoi ne pas commencer votre méditation matinale en ressentant la force, la tendresse, la douceur, l'intelligence de cet Amour infini qui vous entoure totalement, dont vous ne pouvez jamais être séparé(e), qui est plus proche de vous que vos propres pensées? A chaque instant, cet Amour dit de vous «Tu es mon enfant bien aimé(e), en qui j'ai mis toute mon affection».

Apprenez à vous pardonner complètement et totalement pour toute erreur passée. Nettoyez votre ardoise! Aimer et pardonner les autres commence par l'amour et le pardon de soi. Un manque d'amour authentique de soi provient presque toujours de résidus de pensées de condamnation qui se cachent dans la cave de l'ego humain, dans le mental. La culpabilité est la mafia de l'esprit. Ne laissez pas cette mafia régner chez vous! La liberté totale est notre héritage spirituel, et personne ne peut nous en priver.

Et quand nous commettons des erreurs, nous pouvons savoir que l'univers, la Divinité nous a déjà pardonné, totalement. Bien que ceci puisse sembler trop beau pour être vrai, le pardon divin est prospectif – il couvre toute erreur que nous pourrions commettre même dans l'avenir. En effet, ces erreurs – toute incartade par rapport aux grandes lois de l'univers – constituent des fautes à l'encontre de *notre propre* bonheur. Aller à l'encontre de la loi de l'harmonie exprimée dans les grands enseignements de la sagesse humaine, contenue par exemple dans certains passages des grands livres sacrés de l'humanité, ***nuit à nous-mêmes,*** non à l'Intelligence qui a édicté ces lois.[2] On pourrait expliquer ceci en disant que si la Providence ne condamne pas, certaines attitudes négatives que nous manifestons peuvent conduire à une auto-exclusion temporaire de la grâce.

Donnons un exemple concret de cette idée que les erreurs que nous commettons face aux grandes lois spirituelles et éthiques de l'univers constituent des erreurs contre nous-mêmes. Les Dix Commandements – que j'interprète comme en fait **dix promesses** que la Divinité nous fait, et non pas des ordres – incluent la promesse: «Tu ne commettras pas d'adultère». En d'autres termes, «Si tu es conscient d'être fille/fils de Dieu, et si tu es fidèle à ta plus haute vision de l'amour, tu n'auras même pas envie de faire de petites escapades sexuelles, parce qu'en ce faisant, tu mets en péril ton propre bonheur.»

C'est exactement ce qui arriva à un couple d'amis. Ils avaient une relation et une qualité de communication rares, sur tous les plans. Puis, chacun de son côté, stupidement, eut une relation sans suite, un peu futile. Mais cela suffit pour rompre la magie de leur lien à toujours. Une séparation triste s'ensuivit, de laquelle aucun des deux ne se releva. Sans parler des enfants, qui vécurent très mal la situation.

Spirituellement, nous sommes encore tous de grands enfants. Nous avons besoin de garde-fou, d'une pédagogie éthique pour grandir, jusqu'au jour où nous avons tellement bien compris l'intention d'amour de cette pédagogie, de ces lois, qu'ils en deviennent des tremplins que nous chérissons vers la liberté.

Certains enseignements religieux basés sur la peur ont soigneusement évité de faire ressortir la nature prospective du pardon divin, parce qu'à l'instant où les gens prendraient conscience ***de ce fait extraordinaire d'une divinité***

qui ne condamne jamais, ces enseignements auraient beaucoup moins de prise sur leurs adhérents, voire plus aucune.[3)]

Une des raisons pour lesquelles la parabole du Fils Prodigue (Evangile de Luc, chap. 15) est restée pendant des siècles une des deux ou trois paraboles préférées de la tradition chrétienne, est qu'elle constitue une représentation symbolique puissante du pardon et de l'amour de soi.

Cette parabole raconte l'histoire d'un fils qui désire quitter la maison paternelle, après avoir demandé à son père[*)] la part de l'héritage qui lui revient. Il part à l'étranger, où il gaspille la totalité de son héritage dans la vie facile et la débauche. Réduit à la misère extrême (au point d'envier la nourriture des cochons dont il a la garde), il se repent et décide de rentrer à la maison pour demander à son père une place d'ouvrier agricole dans le domaine familial.

Son père n'avait jamais accepté son départ, et guettait son retour. Le voyant arriver au loin, il se précipite vers son fils et l'embrasse. (La plupart des exégètes bibliques n'ont pas commenté la portée extraordinaire de ce fait: le père qui se précipite vers le fils, ce qui était en contradiction totale avec l'étiquette sémitique, où un père considérerait normalement un tel comportement indigne de son rôle).

Après que le fils prodigue se soit condamné et critiqué lui-même («J'ai pêché contre le ciel et contre toi, je ne suis plus digne d'être appelé ton fils» – chacun de nous peut remplacer ces mots par ses propres paroles d'auto-flagellation!) le père lui donne une immense accolade, lui fait

---

*) Pour ne pas alourdir le texte, je n'écris pas chaque fois «père/mère», mais cela est sous-entendu, et la lectrice/le lecteur voudra bien s'en rappeler. Selon les rapports d'autorité qui existaient dans leur famille, certains préféreront visualiser la scène avec une mère qui pardonne, plutôt qu'un père. Il va de soi que le fils peut aussi être remplacé par une fille.

mettre un anneau au doigt (l'anneau est le symbole de l'union retrouvée), remplace ses habits déchirés et sales par une robe blanche (signe du pardon inconditionnel et de l'innocence) et fait organiser un banquet en son honneur!

Cette parabole est un symbole puissant du cheminement spirituel de chacun, et du cheminement que nous faisons heure après heure: par moments nous sommes complètement pris par un activisme humain effréné, au point d'avoir perdu notre enracinement spirituel; et l'instant d'après nous nous «réveillons» spirituellement et nous nous retrouvons unis avec notre Source intérieure.

Ce qui est réellement extraordinaire dans ce récit est que le père n'a pas le moindre reproche pour celui qui vient de gaspiller tout son héritage en menant une vie de bâton de chaise. Au fils prodigue de retour, il ne fait pas la moindre allusion à ce qui s'est passé. («Enfin, tu es revenu à ton bon sens», ou: «Pour cette fois, je te pardonne»... Chacun peut inventer sa propre version des reproches entendus tellement souvent dans l'enfance... et peut-être depuis!) Parce qu'il constate un repentir sincère chez le fils (qui a réalisé qu'il a péché, ***non contre son père, mais contre son propre bonheur, la joie vraie découlant d'une vie dans la présence de l'amour)*** , c'est le pardon inconditionnel, sans la moindre demande d'expiation («Pendant trois semaines, tu laveras les écuries et tu nourriras les cochons»), sans la moindre punition.. ***Et on organise même un immense festin pour célébrer le retour !***

La pensée religieuse comptable – celle qui tient un grand livre de compte avec débits et crédits – parce qu'elle est basée sur un amour conditionnel, sur la rétribution, est profondément choquée par cette attitude. L'amour gratuit, inconditionnel, lui est non seulement incompréhensible, *mais la scandalise.* Dans la parabole, elle est représentée par le fils aîné, qui reproche à son père de n'avoir même pas pu, lui, organiser des fêtes pour les copains, malgré ses années de bonne conduite. Et voici que le frère cadet qui a gaspillé sa fortune avec les prostituées est traité comme un prince. Où va-t-on avec un tel laxisme! Cette pensée comptable est encore largement répandue. Elle est l'expression de personnes qui, à un niveau profond, ne s'acceptent pas et donc ne s'aiment pas, ne se pardonnent pas. Comment alors pourraient-elles pardonner aux autres?

Nous vous suggérons maintenant de faire un deuxième exercice - un exercice de visualisation créatrice qui consiste à revivre la parabole en vous mettant à la place du fils cadet.

Réalisez que toute erreur, tout mal que vous faites est une erreur contre vous-même, contre votre bonheur et votre plénitude, puisqu'à long terme la seule façon de trouver le bonheur vrai est de suivre les grandes lois de l'univers, dont quelques-unes sont énoncées dans cet ouvrage. (Il est intéressant de noter que le sens original du mot «pécher» signifie *manquer le but* - c'est un terme tiré du tir à l'arc).

Sentez-vous arriver intérieurement à cette réalisation. Voyez le père (ou la mère si cela a plus de signification pour vous) accourir vers vous et vous donner une immense accolade. Soyez conscients de votre étonnement profond en constatant qu'*il /elle n'a pas un seul mot de condamnation à votre égard.* Voyez la lumière dans ses yeux - un amour inconditionnel si radical qu'il efface tout résidu d'auto-condamnation que vous ayez jamais pu entretenir. Sentez-le (la) ôter votre vieille cape déchirée et malodorante de culpabilité et la donner à un serviteur qui va la brûler sur un grand feu tout près de là. Sentez la robe blanche en pure soie glisser sur votre peau, cette robe qui représente votre innocence fondamentale, ontologique, celle d'une conscience qui n'a jamais fait l'expérience de la «chute» puisqu'elle n'a jamais vraiment quitté la présence de l'Amour infini, même si le mental, l'ego, a vadrouillé par monts et par vaux.

Entendez le père/la mère vous dire: «Je ne t'ai jamais vu(e) autre que totalement innocent(e). Seulement le petit ego humain est parti. ***Il n'y a aucune condamnation...*** Ton véritable Etre n'a jamais quitté ma présence. Ce qui se passe n'est pas vraiment un retour, mais un éveil à ta propre identité, ta vraie place. Il n'existe rien dans tout l'univers qui puisse te séparer de moi, de l'Amour infini qui constitue la substance même de ton être».

Terminez cet exercice en sentant simplement la totalité de l'Amour infini, omniprésent, et méditez un instant cette vérité étonnante: ***le pardon de l'Amour est prospectif – ce pardon s'étend vers l'avenir, aussi bien qu'il efface le passé, parce que dans la conscience de l'Amour infini, le temps n'existe pas, il n'y a que la conscience du bonheur parfait de l'instant présent.***

Tout chercheur engagé sur le chemin spirituel vit cette parabole de nombreuses fois chaque jour. Parfois nous sommes le fils prodigue – cela se produit chaque fois que notre pensée est prise au piège des apparences superficielles ou des émotions et pensées négatives. Parfois nous sommes le frère aîné qui est tellement pris dans sa comptabilité spirituelle qu'il en oublie qu'il est en présence de l'Amour infini qui rend toute cette comptabilité risible et inutile. («Je n'ai pas fait telle ou telle prière aujourd'hui... Je n'ai pas fait ma demi-heure de méditation ou respecté mon jeûne... Je n'ai pas lu mon texte sacré X ou Y... Je n'ai pas égrené mon chapelet...»). Parfois aussi nous sommes la mère ou le père aimant sans conditions.

La plupart des gens trouveront utile de faire cet exercice plusieurs fois. Et si vous êtes une de ces rares personnes qui ne ressent plus aucun résidu d'autocondamnation, faites l'exercice en pensant à quelqu'un de votre entourage qui pourrait en profiter.

Un dernier commentaire sur cette parabole. Elle ne constitue en rien un monopole des chrétiens. *A l'origine, elle n'est même pas une parabole «chrétienne»* (au sens confessionnel) puisqu'elle fut présentée par un maître juif itinérant d'il y a deux mille ans, alors que l'adjectif «chrétien» n'existait pas. Elle est, au sens le plus noble du mot, une représentation mythologique ou symbolique de la condition humaine. N'importe qui peut entreprendre la visualisation suggérée, qu'il ou elle soit musulman(e), zoroastrien(ne), bouddhiste ou hindou(e), etc.

L'erreur ultime de la condition humaine pourrait bien être la séparation, le dualisme, la division: c'est cette habitude qu'a l'ego, le mental, de voir un monde divisé: homme et nature, mâle et femelle, races et nationalités, religions et idéologies, castes, classes et sectes... alors que les grandes sagesses nous apprennent que TOUT EST UN, et que nous sommes l'expression de la Vie qui transcende le temps, l'espace, l'existence humaine et la mort.

❤

Et maintenant... bonne route !

Ne croyez pas sur la foi des traditions alors même qu'elles sont en honneur depuis de longues générations et en beaucoup d'endroits. Ne croyez pas une chose parce que beaucoup en parlent. Ne croyez pas sur la foi des sages des temps passés. Ne croyez pas ce que vous avez imaginé pensant qu'un Dieu ou qu'un ange vous l'a inspiré. Ne croyez rien sur la seule autorité de vos maîtres. Ne croyez rien parce que je vous l'ai enseigné. Après examen, croyez ce que vous aurez expérimenté vous-même et reconnu secourable, ce qui est conforme à votre bien et à celui des autres, soyez le flambeau de la vérité.
(Bouddha).

Dans un de ses contes savoureux et pleins de poésie de l'âme dont Tolstoï avait le secret, l'écrivain russe raconte l'histoire d'un évêque orthodoxe qui voyageait sur la mer Noire. Pendant le voyage, il entend parler d'une petite île sur laquelle vivent trois ermites. Il exprime le désir de les visiter. Le navire s'arrête près de l'île, que l'évêque rejoint avec une barque plus petite. Il fait connaissance des trois vieux ermites et leur demande comment ils prient.

Ces derniers lui répondent que leur seule prière est: «Vous êtes trois, nous sommes trois, ayez pitié de nous», prière qu'ils répètent à longueur de journée. «Vous avez évidemment entendu parler de la Trinité», répond l'évêque, «mais vous ne priez pas correctement, je vais vous apprendre à prier». Il se met alors à leur enseigner la prière dominicale. Il y passe toute la journée, et ce n'est que le soir qu'il repart, assuré qu'ils sont capables enfin de prier correctement. Sur la barque qui le ramène au navire, il entend les voix des trois ermites qui continuent à répéter le Notre Père.

Dans la soirée, l'évêque, seul sur le pont, médite. Soudain, il voit quelque chose de brillant qui s'approche du navire et qui n'est ni un bateau, ni un oiseau, ni un poisson. Il s'approche du timonier. Ensemble, ils discernent finalement les trois ermites qui glissent sur l'eau, à toute vitesse, à la poursuite du bateau. Le timonier en lâche la barre d'effroi. Arrivés à la hauteur du navire, les trois ermites crient, «Nous avons oublié la prière, serviteur de Dieu. Tant que nous la répétions sans arrêt, cela allait, mais dès que nous avons arrêté, nous avons tout oublié». En se signant, l'évêque se pencha sur le bord du navire et leur dit: «Votre prière arrivera au Seigneur, hommes de Dieu. Ce n'est pas à moi de vous apprendre à prier. Priez pour nous, pêcheurs». Et il se courba très bas devant eux.

Et jusqu'au matin, une lumière étincelante brillait à l'endroit où on les perdait de vue.

Comme le souligne avec humour le récit de Tolstoï, c'est l'esprit qui prime, non la forme. Que cela rassure toute personne voulant se lancer dans la pratique de l'art de bénir.

Et sans pouvoir garantir que la pratique persévérante et avant tout joyeuse de cet art vous permettra de marcher sur l'eau, j'espère avoir montré dans ces pages que cette approche de la vie, des situations et des gens cache des trésors inestimables de paix, de contentement, de compassion et surtout de guérison.

Car, plus que toute autre chose, notre monde a un besoin profond de guérison: guérison des plaies croissantes suscitées par un système économique où les riches s'enrichissent et les pauvres s'appauvrissent – relativement et parfois même absolument – sur une échelle jamais égalée dans l'histoire humaine (selon les Nations Unies 358 milliardaires ont un revenu équivalent à 45% des habitants de la planète); guérison de luttes fratricides de toutes sortes – entre nations, ethnies, fondamentalismes de tout bord (politiques autant que religieux); guérison de fléaux sociaux comme la drogue, la criminalité ou l'alcoolisme; guérison des grandes pandémies comme la lèpre, le sida, la tuberculose et la malaria en plein essor; guérison des troubles psychiatriques en augmentation constante; besoin de retrouver des relations humaines plus conviviales et solidaires, à tous les niveaux de la société; réintégration des exclus en nombre croissant; régénération d'un environnement fort mal en point – pour ne mentionner que quelques-unes des souffrances nombreuses de ce monde.

Si notre état de conscience contribue de façon importante à créer notre réalité, alors un esprit conscient et alerte et un cœur en paix sont indispensables à la guérison de nombre de ces fléaux. Et l'art de bénir aide à rester à tout moment conscient, alerte et en paix.

Un autre fruit de cette pratique silencieuse est qu'elle contribue de façon significative à notre «ancrage» intérieur. Nous habitons un monde où, pour toutes sortes de raisons historiques et culturelles, la confusion – sémantique, idéologique, éthique, culturelle, philosophique, sociale et religieuse, etc. – a atteint une intensité inégalée. Les grandes certitudes se sont effondrées et nombreux sont ceux qui ont l'impression de n'avoir plus d'amarres et de dériver. L'art de bénir enracine celui ou celle qui le pratique dans la dimension d'une transcendance omniprésente qui, petit à petit, transforme toute la vie.

Pour reprendre la belle image de l'écrivain C-F. Ramuz, c'est l'arbre qui a les racines les plus profondes qui peut étendre ses branches le plus loin. C'est la conscience la plus fortement ancrée dans le Divin qui peut devenir l'arbre de vie dont les feuilles servent à la guérison des nations, pour reprendre la métaphore de l'Apocalypse (chapitre 22).

L'art de bénir permet aussi à ceux qui le pratiquent de cultiver leur jardin intérieur, ce lieu de ressourcement si précieux qui existe dans les profondeurs de chacun de nous, souvent à notre insu. Dans ce monde de plus en plus agité et frénétique qui, pareil à un T.G.V., fonce à toute vitesse sans la moindre idée où il va, c'est un tel privilège que de pouvoir, à tout moment, se ressourcer dans son jardin secret.

La bénédiction perpétuelle est comme un puits que nous creusons au centre de ce jardin: plus nous la pratiquons, plus le puits devient profond et plus son eau devient douce et fraîche, désaltérant notre âme.

«Celui qui croit en moi, des sources d'eau vive jailliront de son sein» disait Jésus. Le «moi» dont il parle est cette présence d'amour inconditionnel qui satisfait tous les besoins, guérit tous les maux. Et la plupart de nos contemporains semblent ignorer jusqu'à l'existence même de cette source intérieure qui seule peut combler la soif profonde des humains. «Mettez-moi de la sorte à l'épreuve, dit l'Eternel, et vous verrez si je n'ouvre pas pour vous les écluses des cieux, si je ne répands pas sur vous la bénédiction en abondance» (Malachie 3: 10). Quand l'univers nous bénit, ce n'est pas avec un goutte-à-goutte ou même un ruisseau. C'est avec des torrents de vie.

En nous orientant de plus en plus vers les autres et *leurs* besoins, l'art de bénir nous aide à sortir de la prison du petit ego, du moi. Les grandes traditions spirituelles sont quasi unanimes dans leur façon de décrire la disparition du moi comme peut-être l'étape la plus indispensable et la plus importante du cheminement spirituel. La formule lapidaire de Saint Jean-Baptiste, «Qu'Il croisse et que je diminue» résume des siècles, voire des millénaires de sagesse spirituelle. Rumi, un grand mystique sufi, écrit sur le thème de la mort de l'ego (qu'il appelle le «moi» par opposition au Soi divin): «Fais un voyage du moi au Soi, ô ami, car par un tel voyage la terre devient une mine d'or!... Purifie-toi des attributs du moi, afin de discerner ton essence pure!... Je suis tombé dans l'absence totale du moi – que je suis joyeux avec le Soi!... Personne ne trouvera sa route vers la Cour de la Magnificence jusqu'à ce qu'il soit annihilé»,[1)] (que le moi disparaisse).

Le vrai Soi, l'être profond de chacun de nous, ne désire rien parce qu'il sait posséder tout. Il ne va nulle part parce qu'il est déjà au but. Il sait que le but du voyage est dans la façon de voyager, non dans des buts humains à atteindre. Car se sachant éternel et le reflet de l'infini, comment vouloir aller quelque part dans le Royaume de l'amour omniprésent?

Nous avons vu qu'il est impossible de juger et de bénir en même temps. De même, il est impossible de se morfondre sur son petit moi et ses contrariétés, les petites et grandes irritations de la vie (qui sont créées de toutes pièces par le petit moi qui veut régner en tyran) et bénir en même temps. Alors si l'idée nous prend parfois de nous apitoyer sur nous-même, de nous sentir victimes de l'existence, le meilleur remède est d'éclater en bénédictions pour la vie, pour tous nos bienfaits, nos amis, la beauté de la nature....Si nous le faisons avec persistance, un jour le petit ego partira la tête basse et la queue entre les jambes.

La gratitude est une des armes spirituelles les plus puissantes qui soit comme le fait ressortir le récit suivant.

Un jour, le diable décide de cesser son travail. Il en a assez, après des siècles et des siècles de ruses, d'efforts incessants, de ce qu'il pensait être de suprêmes victoires qui ont tourné court. Bref, il décide de jeter l'éponge. Mais avant de partir, et pour s'assurer quand même une retraite convenable, il décide de vendre ses armes.

Ah, là, il y en a un joli paquet! Annoncé à grand fracas par les médias, l'événement a lieu dans une célèbre salle de vente d'une grande ville. Au jour J, une foule affairée se presse au portillon. Outre les dictateurs, tyrans, exploiteurs, chefs de services secrets et autres acheteurs potentiels de tout acabit, il y a aussi de simples curieux, des spécialistes de l'exorcisme et quelques personnes à l'esprit interrogateur.

Les armes sont exposées sur des stands superbes, avec leur prix: la haine, l'avarice, la luxure; l'indifférence qui pavait une voie royale aux autres armes; l'apitoiement sur soi, la jalousie... et j'en passe. Depuis des milliers d'années que le diable les fourbissait, ses armes, il y en avait non seulement un nombre impressionnant, mais elles étaient de plus très affûtées, et adaptables à tout pauvre pékin prêt à se laisser piéger.

Dans un coin, sur un stand particulièrement bien arrangé, à un prix dix fois supérieur à celui de toutes les autres armes, trônait un instrument usé, fendu même, ressemblant à un grand coin de menuisier. C'est là que le diable avait choisi de s'installer. Un imposant placard affichait, «Mon arme la plus efficace». Sur une table, un gros volume avec les noms de toutes les personnes qui, sous toutes les latitudes et depuis la nuit des temps, s'étaient laissées prendre par cette arme: le découragement!

Un chercheur spirituel venu s'informer sur les ruses et malices du tentateur s'étonna du prix. Il engagea une discussion avec le diable. A un moment, il demande à ce dernier s'il existait une riposte, une parade efficace contre le découragement. «Vous ne vous imaginez quand même pas que je vais vous le dire!» s'exclama le diable outré. Le chercheur s'éloigna. Pendant la journée, il revint poser la même question à différentes reprises. Calmement, comme sûr de lui. Chaque fois le diable répondait par un «Niet» sec, mais à chaque fois on sentait l'énervement qui montait dans sa voix. A la fin de la journée, au quinzième passage du visiteur reposant, imperturbable, la même question, le diable finit par exploser. «Ah, vous m'énervez, vous, avec votre persistance. C'est les gens comme vous qui m'ont rendu la mort impossible». (Le diable ne prononçait jamais le mot «vie», terme qu'il détestait plus que tout autre avec «amour»). «Eh bien, je vais vous dire, après cela vous déguerpissez. Hélas, je dois reconnaître que les humains ont trouvé dans la gratitude l'arme imparable pour désamorcer le découragement. C'est même la défense la plus efficace contre beaucoup d'autres de mes ruses. Combien de diables subalternes n'ai-je pas condamnés à mille ans de jeûne pour n'avoir pas réussi à déjouer la gratitude».

Vous pouvez être débordants de compassion et d'amour, et en même temps profondément triste. Vous pouvez être alerte, et en même temps souffrir moralement – souvent même on souffre parce qu'on est alerte. Vous pouvez pratiquer la générosité et la bonté tout en vous sentant déprimé. Mais il semble difficile, voire impossible, de sentir une gratitude profonde et en même temps d'entretenir le moindre sentiment négatif. La reconnaissance est le plus grand «nettoyeur de l'âme» – ou, pour utiliser l'expression savoureuse d'un ami, «détartreur de chakras» qui existe. Essayez d'être en colère, ou déprimé, ou vous apitoyer sur vous, ou être jaloux – et en même temps reconnaissant. Cela ne marche simplement pas! C'est l'un ou l'autre.

Et la pratique persévérante de la bénédiction est un des outils les plus efficaces qui soient pour développer une attitude de reconnaissance face à la vie.

Car implicite dans la bénédiction est une gratitude profonde (peut-être non exprimée, mais bien réelle) face à l'existence, l'univers, la Providence. On demandait à Einstein quelle était la question la plus importante que l'on pouvait poser concernant l'avenir de la race humaine. Einstein répondit simplement: «L'univers est-il un endroit accueillant, amical ?»(En anglais, «Is the universe friendly?» - ce dernier terme ayant dans cette langue un sens bien plus large qu'en français). Einstein en était profondément convaincu. Celui qui bénit partage, à un niveau profond, la même conviction.

Répétons-le: l'art de bénir n'est ni une panacée, ni une baguette magique. Vous avez devant vous peut-être des années de pratique joyeuse avant d'en sonder toute la profondeur, toutes les ramifications. Le puits de notre jardin intérieur est infini et nous en récoltons les fruits à la mesure de la priorité que nous lui accordons.

Mais la promesse des fruits est là, certaine.

Au moment de terminer la révision de ce manuscrit en août 1997, j'ai reçu la lettre suivante d'une des participantes des ateliers «Recréer sa vie» 2) que j'organise chaque été au chalet «Le silence qui chante» dans un petit hameau valaisan à plus de 2100 m dans les Alpes : *«Dans l'espace privilégié du 'Silence qui chante' j'ai le sentiment d'avoir vécu ce qui est pour moi l'orientation juste. Depuis que j'ai repris la vie, je lutte quotidiennement pour ne pas me laisser désorienter. Je me suis engagée dans l'apprentissage de l'art de bénir. Cet exercice m'aide beaucoup dans mon travail d'acceptation des gens et des événements, en maintenant dans mon esprit la véritable nature de chaque être».*

Les petits ruisseaux font les grandes rivières, dit un proverbe. Des milliers de personnes qui, chacune dans son coin et sans prétention, bénissent ceux qui les entourent, peuvent aider à créer un monde meilleur.

Leur impact est à l'image de cette vieille dame qui, après qu'une tempête particulièrement violente eût jeté sur une plage des millions d'étoiles de mer, se mit à les rejeter à la mer, une à une. Un passant étonné s'arrête vers elle et lui dit, «Mais enfin, qu'est-ce que vous faites? Il y en a des millions et des millions. Elles vont toutes mourir. Ça ne fait aucune différence». La vieille hoche la tête... et continue patiemment son travail. «Mais quoi! Vous persistez quand même? Quelle différence est-ce que cela peut bien faire?» La vieille dame persévère, imperturbable, pendant que le passant continue ses remarques désabusées. Puis soudain, elle prend une étoile de mer, la lance avec une attention particulière et se retourne vers le passant avec un éclair joyeux au fond de ses yeux bleus lumineux et dit: «Pour elle, cela a fait toute la différence».

«Celui qui veut faire quelque chose trouve un moyen, celui qui ne veut rien faire trouve une excuse» dit un proverbe arabe. Chaque bénédiction que vous «envoyez» dans l'univers est comme une étoile qui s'allume, quelque part. Chaque bénédiction est un geste de vie qui vibre jusqu'au fin fond de l'univers.

Soyons des porteurs de vie!

Notes et références bibliographiques

INTRODUCTION

1. Patton Boyle, *Faucon Hurlant, une initiation indienne*, Editions Vivez Soleil, Chêne-Bourg,1996.

CHAPITRE I: UNE EXPERIENCE HORS DU COMMUN

1. Frère Laurent de la Résurrection, LA PRATIQUE DE LA PRÉSENCE DE DIEU. Editions du Cerf, Paris, 1991

CHAPITRE II: UN ART MILLENAIRE

1. Caitlin Mathews, *The Little Book of Celtic Blessings*, Element Books, Shaftesbury, Dorset, 1994

2. Voir Matthieu, chapitre 5. Le terme rendu par «heureux les...» en français signifie aussi «bénis soient ceux qui...»

3. Une littérature impressionnante sur ce thème existe en anglais. En français, le seul ouvrage que je connaisse qui décrit de façon claire l'existence de ces lois spirituelles rigoureuses, preuves à l'appui, est l'ouvrage de Mary Baker Eddy, *Science et Santé avec la clé des Ecritures*, Christian Science Publishing Society, One, Norway Street, Boston, MA 02115, USA. (Nombreuses éditions depuis 1875). Les cent dernières pages de ce livre sont constituées de guérisons de toutes sortes obtenues uniquement en lisant le livre, ce qui est quand même assez étonnant.

En anglais, voir: Larry Dossey, M.D. *Healing Words*, Harper San Francisco, 1993; Robert Peel, *Spiritual Healing in a Scientific Age*, Harper and Row, N.Y. 1988 (contient d'étonnants récits de guérison spirituelle); Herbert Benson M.D. and Mary Stark, *Timeless healing: The Power and Biology of Belief*, Scribner, N.Y. 1996

4. «Healing Role of Spirituality Gains Ground», *Christian Science Monitor*, (édition internationale) 8-14 déc. 1995, p. 1,18.

5. David Holmstrom, *When Prayers Are Answered*, Perigree books, N.Y. 1995, p 154-155,158.

CHAPITRE III: LA LOI DES ATTENTES POSITIVES

1. Patton Boyle, op. cit. p.99-100

CHAPITRE IV: LA LOI DU JUSTE RETOUR

1. Adin Steinsaltz, *La rose aux treize pétales*, introduction à la Cabbale, Editions Albin Michel, Paris, 1996, p. 37

2. Amadou Hampaté Bâ, *Vie et enseignement de Tierno Bokar*, le sage de Bandiaga, Seuil, Paris, 1980, p.170-171

3. Bernie Siegel, *L'amour, la médecine et les miracles*, Robert Laffont, Paris, 1989

4. *A Course in Miracles*, (pas de nom d'auteur) Arkana paperbacks, Routledge and Kegan Paul, London. 1985. Ce livre remarquable de près de 1200 pages, devenu un best seller international, n'existe pas encore en français.

5. Patton Boyle, op.cit.p.25

6. Mary Baker Eddy, *Science et Santé, avec la clé des Ecritures*, op.cit. p.57

7. Référence au célèbre livre de méditations quotidiennes d'Eileen Caddy, *La petite voix*, éditions du Souffle d'Or, 05300 Barret-le-Bas, France 1989. Ce livre a été traduit dans une vingtaine de langues et constitue une excellente introduction pour toute personne voulant démarrer sur le chemin spirituel - et aussi ceux qui y sont engagés depuis longtemps!

CHAPITRE V: LA REGLE D'OR

1. Sri Aurobindo, œuvres complètes, (I) *La Bhagavad Gîta*, Albin Michel, Paris, 1942, p.130-131

2. George G. Ritchie and Elizabeth Sherrill, *Return From To-morrow*, avec une préface du Dr. Raymond A. Moody, jr, Spire Books, Old Tappan, N.J. 1981

3. G. Ritchie et E. Sherrill, op.cit.p.116

4. «Tu aimeras ton prochain comme toi-même», Käte Meier, *Le Héraut de la Science Chrétienne*, Boston, janvier 1993,p.3-5.

CHAPITRE VI: LE SENS PROFOND DE L'ACTE DE BENIR

1. Interview d'Eileen Caddy par l'auteur à Findhorn (Ecosse) en août 1994.

2. *Ram Dass at Findhorn*, deux cassettes (en anglais) que l'on peut commander par poste au Phœnix Book Store, The Park, Findhorn, Murray, IV36 OTZ. Cette cassette est une pure merveille de bon sens spirituel, avec des passages extrêmement humoristiques.

CHAPITRE VII: LA LOI DE L'AMOUR INCONDITIONNEL

1. Citation que j'ai copiée il y a plusieurs années dans le journal américain *Christian Science Monitor* de Boston, sans noter la date.

2. Patton Boyle, op.cit.p.98-99

CHAPITRE VIII: LA LOI DE L'HARMONIE UNIVERSELLE

1. *Interpreters Bible*. Abington Press, New York, Nashville, 1952, vol.8, p.540,

2. Pierre Pradervand, *Une Afrique en marche*, Plon, Paris, 1989

3. Ibid. op.cit. chapitre 11,p.245

4. Gary Zukav, *La danse des éléments*. Cette citation est traduite de l'original anglais, *The Dancing Wu-Li Masters*, Bantam, N.Y. 1980, p.19

5. Gunnar Myrdal, *Objectivity in Social Research*, Duckworth, London, 1970, p.9

CHAPITRE IX: DERRIERE LE VOILE DES APPARENCES

1. Norman Cousins, «The US Constitution», *Christian Science Monitor*, Boston, 17 septembre 1987

2. Martin and Inge Goldstein, *How We Know, an exploration of the scientific process*, DaCapo, N.Y. 1978, p.17

3. Deepak Chopra, *Unconditional Life*, deux cassettes chez Syntropy Audio, Bantam tapes, N.Y. 1991

4. Sir Alister Hardy, *The Spiritual Nature of Man*, Clarendon Press, 1979,p.53

5. Richard M. Burke, M.D. *Cosmic Consciousness*, Dutton, N.Y. 1969,p. 326-329.

6. *Enfolded in Love*, Readings with Julian of Norwich, Darton, Longman and Todd, London, 1980. Malgré le prénom Julian, il s'agit bien d'une femme.

7. Le texte original de ce témoignage nous fut envoyé par une connaissance, Ellen Comar, que le reçut des mains du Suédois en question, Tord, lors d'une rencontre à Boston. Pour une présentation des idées de cette science spirituelle, voir le livre déjà cité ci-dessus, *Science et Santé avec la clé des Ecritures*.

CHAPITRE X: INVERSEZ LES APPARENCES.

1. Nous avons reçu ce texte sans indication de source. Il existe dans différentes versions, avec des variations mineurs, comme c'est souvent le cas pour des récits d'origine mythologique.

2. Voir *La Science Chrétienne, un siècle de guérisons*, Christian Science Publishing Society, Boston, 1966, p.126-128 (épuisé mais disponible dans certaines bibliothèques publiques).

3. Récit écrit communiqué par un ami africain. E. Tazuila, à qui il fut raconté par la personne concernée, Makengo Mapululu, un zaïrois habitant à l'époque le Rwanda.

CHAPITRE XI: N'OUBLIEZ SURTOUT PAS LE POST SCRIPTUM.

1. Arnaud Desjardins, «La vie nous aime, absolument, à chaque instant», *Terre du Ciel*, No 33, B.P. 2050, 69227 LYON Cedex 02

2. L'anthologie d'Aldous Huxley, *La philosophie éternelle*, Seuil, Paris, 1977, constitue une remarquable synthèse de la sagesse spirituelle de l'humanité.

3. L'ouvrage monumental de l'historien français Jean Delumeau: *Le péché et la peur: la culpabilité en Occident* (Fayard, Paris, 1983) illustre comment un message de liberté comme celui de l'Evangile a pu être déformé et travesti pour en faire une religion de la peur. Le lecteur intéressé poursuivra avec l'ouvrage de Jacques Ellul, *La subversion du christianisme*, Seuil, Paris, 1984, qui décrit le processus historique de subversion du message de Jésus.

CONCLUSION: ET MAINTENANT... BONNE ROUTE!

1. William C. Chittick, *The Sufi Path of Love – the Spiritual Teachings of Rumi*, State University of New York, Albany, 1983, p. 173, 174, 179.

2. Voir l'information sur les ateliers en fin de livre.

Les ateliers «Vivre Autrement»

Voulez-vous vivre de façon plus équilibrée? D'une façon écologiquement plus adaptée au vingt et unième siècle – donc plus solidaire de la planète et de tous ses habitants? Eveiller en vous cette créativité innée qui n'attend qu'une chose: l'occasion de s'exprimer? Découvrir un style de vie qui permette de vivre mieux avec moins? Trouver plus de sens à votre vie? Vous ressourcer intérieurement?

Alors les ateliers *Vivre Autrement*, créés par Pierre Pradervand en 1993 et uniques dans la sphère francophone d'Europe, s'adressent à vous.

Des pistes pour mieux vivre et se ressourcer.

Nos ateliers visent à offrir des pistes qui permettent à chacun d'amorcer sa réponse aux questions qu'il ou elle se pose, car il n'existe pas de réponses «clés en main» dans ce domaine. Chaque individu conscient est son propre maître. Chacun peut découvrir ce «mieux vivre» pour lui-même – s'il prend le temps de s'écouter et se donne l'espace pour évoluer à son rythme.

Les ateliers *Vivre Autrement* durent entre un et six jours, selon le thème. Les thèmes abordés sont: le temps, l'argent, la créativité, le jeu (une journée); l'image de soi et vivre plus simplement (week-end), ainsi que le temps et l'argent (les deux thèmes réunis).

Nous offrons aussi deux ateliers d'été, de six jours : «Recréer sa vie» concerne les personnes qui sont à un tournant dans leur vie, ou qui voudraient s'engager dans une nouvelle direction; celles et ceux qui voudraient donner un nouvel élan à leur vie, rechercher plus de cohérence, ou simplement les personnes qui voudraient s'accorder une pause pour réfléchir dans une atmosphère particulièrement stimulante. «Spiritualité et méditation»: de nature non confessionnelle et très ouvert, cet atelier est basé sur l'idée qu'il existe un «fond commun» propre aux grandes spiritualités, et que l'amour vécu au quotidien représente la démarche spirituelle privilégiée. Il comprend une introduction à la méditation.

De juin à septembre, tous nos ateliers ont lieu dans un site exceptionnel et réellement féerique des Alpes suisses, un petit hameau du Valais accroché au flanc d'une montagne à 2150m, dans un vieux chalet entièrement rénové. Ils constituent une expérience très stimulante pour tous ceux qui y prennent part.

Pour plus d'informations sur ces ateliers, découpez ou recopiez le bon ci-dessous. Vous recevrez notre dépliant gratuit.

Prière de m'envoyer votre dépliant sur les ateliers:

....
Nom

....
Prénom

....
Adresse

....
No postal Ville

....
Pays

Envoyer à: VIVRE AUTREMENT
3, bl. James Fazy
1201 GENEVE Suisse
Tél. et fax: (41) 22 731.88.39

Courrier électronique: prader@iprolink.ch

Visitez notre site sur Internet avec de superbes photos:
http://www.life.int.ch

Le sceau de la paix
«Mon foyer est un havre de paix»

Un symbole de la spiritualité vécue au quotidien

La fondation internationale «Sommet mondial des femmes», basée à Genève, a lancé le sceau ci-dessous.

Ce projet mondial «porte à porte pour la paix» vise à soutenir la mission de l'Unesco «Vers une culture de la paix».

En plus du sceau, vous recevez un petit sticker (vous avez le choix entre huit langues, dont le français) que vous pouvez coller sur votre porte, en dessous du sceau, et qui dit: *«J'affirme mon engagement pour la paix dans mon foyer. En plaçant ce sceau sur ma porte, je m'engage à faire preuve de bonne volonté, de respect et de bonté dans mes relations, et à donner en particulier amour et protection aux enfants.»* L'idée est de partager le sceau et le but qu'il vise avec votre famille, vos voisins, amis et collègues.

Pour commander le sceau de la paix, veuillez remplir le formulaire ci-dessous, le découper (ou le recopier) et le retourner à la fondation Sommet mondial des femmes.

(Le sceau est dans différentes teintes de bleu avec un cœur orange et jaune)

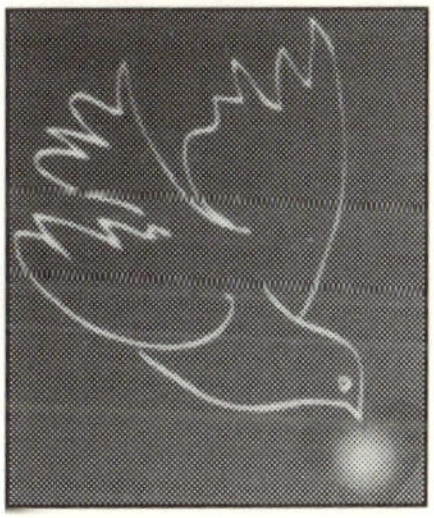

Veuillez m'envoyer un lot de 25 autocollants «Sceau de la paix»
à 25FS (ou 100FF) plus port et emballage 10FS (ou 40FF)
Ci-joint mon paiement (chèque ou espèces) de .... F.

Nom .... Prénom ....

Rue ....

CP .... Ville .... Pays .....

Envoyer à:

Projet Sceau de la paix, Fondation Sommet mondial des femmes
B.P. 2001, 1211 GENEVE 1 - Suisse - Fax: (41) 22 738.82.48

Si vous souhaitez recevoir le texte
Le simple art de bénir
sur feuillet séparé au format A4,
il vous suffit de joindre à votre demande
(envoyée à l'adresse ci-dessous)
une enveloppe timbrée à votre adresse.

Editions Jouvence
France : BP 7 - 74161 ST JULIEN-EN-GENEVOIS
Suisse : Case 184 - 1233 Genève-Bernex

Dumas Titoulet Imprimeurs
42000 SAINT-ÉTIENNE
Dépôt légal : septembre 2003 - N° d'imprimeur : 39537

Imprimé en France